A psicanálise cura?
Uma introdução à Teoria Psicanalítica

Roberto Girola

A psicanálise cura?
Uma introdução à Teoria Psicanalítica

**idéias &
Letras**

DIRETORES EDITORIAIS:
Carlos Silva
Ferdinando Mancílio

EDITORES:
Avelino Grassi
Roberto Girola

COORDENADOR EDITORIAL:
Elizabeth dos Santos Reis

REVISÃO:
Ana Lúcia Leite
Maria Isabel de Araújo

PROJETO GRÁFICO E EDITORAÇÃO:
Alfredo Carracedo Castillo

CAPA:
Cristiano Leão

© Idéias & Letras — 2004

IDÉIAS & LETRAS

Rua Padre Claro Monteiro, 342 — Centro
12570-000 — Aparecida-SP
Tel. (12) 3104-2000 — Fax. (12) 3104-2036
Televendas: 0800 16 00 04
vendas@redemptor.com.br
http//www.redemptor.com.br

Dados Internacionais de Catalogação na Publicação (CIP)
(Câmara Brasileira do Livro, SP, Brasil)

Girola, Roberto
  A psicanálise cura?: uma introdução à teoria psicanalítica / Roberto Girola. — Aparecida, SP: Idéias e Letras, 2004. (Coleção Psi-atualidades)

  Bibliografia
  ISBN 85-98239-01-1

  1. Bion, Wilfred Ruprecht, 1897-1979 2. Cura 3. Freud, Sigmund, 1856-1939 4. Klein, Melanie, 1882-1960 5. Psicanálise 6. Winnicott, Donald W., 1896-1971 I. Título.

04-0071   CDD-150.195

Índices para catálogo sistemático:

1. Psicanálise: Teoria: Psicologia 150.195
2. Teoria psicanalítica: Psicologia 150.195

Prefácio

Nos últimos 20 anos o campo psicanalítico brasileiro passou por uma grande modificação, tanto em sua dinâmica teórica interna, quanto em sua posição e presença em relação ao todo da vida cultural local. Podemos dizer que se completou o projeto de uma geração de analistas de renovação e vitalização da linguagem e dos parâmetros teóricos interiores à disciplina, que levou a uma precisa e rigorosa avaliação do legado freudiano, bem como, no mesmo movimento, se ganhou uma mais aberta e livre percepção da grandeza do movimento histórico da disciplina através de seu primeiro século de vida, e, como grande ganho adicional, ainda foram reposicionadas as grandes questões epistemológicas que, vistas do presente, podem ser feitas à psicanálise.

Analistas como Renato Mezan, Jurandir Freire Costa, Fábio Herrmann, Maria Rita Kehl, Joel Birman, Chaim Samuel Katz, Miriam Chnaiderman, entre muitos outros, tiveram sua contribuição rigorosa e ampla de reposicionamento e recuperação do valor do legado freudiano, que por meio deles passou a ter um impacto qualificado na esfera pública, articulada, no movimento geral da disciplina, à emergência significativa de um pensamento verdadeiramente original de psicanálise feito entre nós, seja de caráter epistemológico clínico, como é o caso do mestre Isaias Melsohn, ou de Gilberto Safra, seja no questionamento histórico das modalidades de subjetivação, no trabalho de Luiz Cláudio Figueiredo ou Suely Rolnik, seja o lançamento de uma mais intensa e rigorosa discussão epistemológica do lugar da psicanálise e sua história na história do pensamento ocidental, levada a cabo por filósofos como Bento Prado Jr., Luiz Roberto Monzani, Osmyr Faria Gabbi Jr. ou Zeljko Loparic.

A esse grupo de intensa produção e de grande rigor, responsável pela modificação histórica do mapa da psicanálise por essas paragens, soma-se no presente uma nova geração de analistas, da qual eu mesmo faço parte, que não parece disposta a recuar das possibilidades históricas e conceituais abertas por essa grande pesquisa anterior, e que começa a dar seus primeiros frutos teóricos mantendo o grau atingido por seus formadores, e que também parece colocar, ao seu modo, parâmetros para um novo enquadramento da disciplina. Desse novo grupo, que em nada está em ruptura com seus mestres que chegaram primeiro, eu poderia nomear aqui, para motivo de consulta de algum leitor interessado, alguns pesquisadores de resultados significativos, do meu ponto de vista bastante paulistano, como Mario Eduardo Costa Pereira, Noemi Moritz Kon, Myriam Uchitel, Flávio Carvalho Ferraz, Decio Gurfinkel, Eliana Borges Pereira Leite, Mara Selaibe, Mara Caffé, Luis Hanns, Nayra Cesaro Penha Ganhito e Daniel Delouya. Temos também o importante trabalho de formação em articulação mais ampla da psicanálise com outros campos da cultura, proposto por David Calderoni, ou ainda a pesquisa muito forte dos filósofos mais jovens, como o radical trabalho entre a psicanálise a literatura e a filosofia de Juliano Pessanha, ou a leitura precisa do legado de Lacan de Wladimir Safatle. Evidentemente essa lista é marcada por um ponto de vista limitado, que é o meu, e certamente ela é injusta com pesquisadores que merecem nossa atenção e que não aparecem por aqui, devido à minha própria ignorância.

De todo modo, como podemos ver o panorama atual, e local, é amplo, articulado fortemente à vida universitária — o que faz uma distinção particular da vida do movimento psicanalítico brasileiro em relação a outros países — e faz com que, quem tente dar um balanço na vida da psicanálise brasileira atual, seus resultados e seu grau de consciência teórica e clínica, tenha pela frente uma excitante e já relativamente grande tarefa.

Sendo assim, é curioso que ao longo desse forte movimento da psicanálise contemporânea entre nós tenham sido produzidos poucos trabalhos de caráter de transmissão didática, em um nível superior de acepção do termo. Creio que, com exceção do pequeno e excepcional livro sobre Freud de Renato Mezan, *Freud, A Conquista do Proibido*, felizmente ainda presente entre nós, e dos pequenos volumes sobre *O que é a Psicanálise?*, de Renato Mezan e Fábio Herrmann, realizados no âmbito do projeto didático da Editora Brasiliense ainda nos anos 80, mais nada foi produzido para a transmissão mais ampla da vida da psicanálise contemporânea em um registro didático superior. Alunos de psicologia, de filosofia, de ciências sociais ou literatura, ou mesmo do colégio, não podem contar assim com alguma espécie de *abrégé* da psicanálise contemporânea desenvolvida entre nós, com algum manual introdutório que, mantendo o rigor e a complexidade do campo hoje, possa servir de porta de entrada e primeiro elaborador, da forma mais completa possível, das conquistas atuais da disciplina psicanalítica. A recente, e excelente, coleção dirigida por Flávio Carvalho Ferraz, *Clínica Psicanalítica*, certamente responde a esse objetivo, com suas amplas monografias tópicas sobre a vida psicopatológica contemporânea e seus autores especialistas, servindo tanto a analistas experimentados quanto a estudantes de nível superior, mas ainda não temos nenhum livro de referência universitária para um princípio de estudo geral e início de formação na longa e complexa trilha da psicanálise.

Não é impossível que *A Psicanálise Cura?* de Roberto Girola venha a ocupar esse lugar. Seu desejo de circulação ampla e didática não o impediu de estar em contato com a massa viva da produção psicanalítica contemporânea, que tenta ser expressa sem perdas significativas neste livro. Grande parte do campo metapsicológico freudiano é repassado aqui com precisão, servindo à atualização das consciências universitárias de forma muito útil, bem como o interessante problema da *cura* psicanalítica é estudado em profundidade, para quem dele queira aproximar-se com espírito isento. O caráter abertamente didático do livro se justifica deste modo como o preenchimento de uma lacuna que o campo rico a que me referi pode superar.

Desse modo, o livro parece ser mesmo um dos gestos necessários desse amplo movimento, de posicionamento da matéria trabalhada pelos pesquisadores no registro teórico mais originário da ciência de modo que ela possa começar a alcançar um público mais amplo, solidificando, gradualmente, uma consciência pública mais verdadeira das coisas. Temos entre nós, excelentes livros dessa mesma natureza dedicados a outros campos, como a filosofia a economia ou a sociologia, mas a psicanálise, por um motivo ideológico ou teórico que deve ser identificado e avaliado em sua validade e produtividade, em geral tem se recusado a produzir-se sobre esta forma.

Se é verdade que o estrangeirismo humano do inconsciente, e eficácia mesma da vida da transferência, baseada em intimidade e diferença, implicam em certo afastamento da disciplina do andamento mais evidente da ordem ideológica da própria consciência do mundo, a psicanálise também não deve se furtar ao oferecimento de si mesma a quem dela queira se aproximar e quem venha desejar conhecer a própria radicalidade da vida inconsciente. A transmissão didática assim tem função ética significativa no posicionamento da disciplina no mundo, o que, analistas de enorme importância e contribuição verdadeira para a disciplina, a começar pelo próprio Freud, ou ainda, podemos lembrar, Winnicott ou Dolto, não se recusaram a realizar, em seus próprios tempos e suas próprias culturas.

Dessa forma o trabalho rigoroso e extenso de Roberto Girola, neste registro da transmissão, é muito bem-vindo. Nele estudantes e pessoas interessadas, não profissionais em geral, poderão encontrar, com objetividade, poder de síntese e amplas referências, a ordem de consciência interna, principalmente em relação à obra freudiana, da psicanálise atual. E analistas e pesquisadores já formados poderão reconhecer uma salutar visão ampliada da história do pensamento psicanalítico — incluindo a presença de autores fundamentais para a vida atual da disciplina, como Winnicott e Bion — organizada ao redor da questão paradoxal da cura em psicanálise, visão histórica livre que, por vezes, costuma faltar às facções do movimento psicanalítico organizadas politicamente ao redor de um único objeto teórico de referência — seja ele Freud, Melanie Klein, Lacan, Winnicott ou qualquer outro criador de psicanálise de interesse.

Fica aqui o convite à leitura deste livro útil e bem-vindo.

Tales A. M. Ab´Sáber
Psicanalista, Mestre em Artes pela ECA/USP
Doutor em Psicologia Clínica e Psicanálise
pelo Instituto de Psicologia da USP
Membro do Depto. de Psicanálise e
Professor convidado do Depto. de Psicanálise
da Criança no Instituto Sedes Sapientiae
Janeiro de 2004

Sumário

INTRODUÇÃO – 15

DOENÇA E CURA: O SENTIDO AMBÍGUO DOS TERMOS – 23

- O senso comum – 23
- Os conceitos de doença e normalidade em Psiquiatria – 29
- A doença como falta de integração entre mundo interno e externo – 32
    - A neurose – 33
    - A psicose – 34

O FUNCIONAMENTO PSÍQUICO EM FREUD – 35

- A doença psíquica na visão freudiana – 35
    - Neuroses – 35
    - Psicoses – 37
- O conflito: sua origem no funcionamento psíquico – 38
    - As pulsões – 38
        Trieb e instinkt – 39
        Processo primário e secundário – 40
        Primeira tópica – 42
        Segunda tópica – 43
        Repetição e pulsão de morte – 44
    - Angústia – 51
        Primeira formulação – 51
        Segunda formulação – 56

O CONCEITO DE CURA EM FREUD: UMA BREVE RESENHA – 61

- Cura: a evolução de um conceito – 61
  - Textos de 1890 a 1899 – 61
  - Textos de 1900 a 1922 – 66
  - Textos de 1923 a 1938 – 77

ANÁLISE SEM FIM? – 81

- Considerações preliminares – 81
- Duração da análise e critérios para o seu fim – 82
- Fatores críticos para o sucesso da terapia psicanalítica – 85
  1. A etiologia traumática – 85
  2. A força relativa dos instintos – 86
  3. As alterações do ego – 87
- A pulsão de morte – 90
- Sobre o poder profilático da psicanálise – 91
- Complexo de Édipo e integração dos elementos masculinos e femininos – 92
- O que se espera do analista – 98
- Conclusão – 99

A CLÍNICA KLEINIANA: ELABORAÇÃO DAS ANSIEDADES PERSECUTÓRIAS E DEPRESSIVAS – 101

- A abordagem kleiniana – 101
- O conflito psíquico e a origem das fantasias inconscientes – 103
- Algumas características da metodologia clínica kleiniana – 105
  - O Método da psicanálise – 107
- Natureza e função da fantasia – 108

- Mecanismos psíquicos de defesa – 112
- Fantasias, imagens da memória e realidade – 119
- Posição esquizo-paranóide e posição depressiva – 120
- O fim da análise – 122

WINNICOTT: RUMO A UMA CLÍNICA DO *SELF* – 127

- O conceito de *self* – 127
- O conceito de *self* na Psicologia Analítica de Jung – 131
- O conceito de *self* na Psicanálise – 134
- O *self* ameaçado – 137
- A doença do *self*, um desafio para a atual clínica psicanalítica – 140
- A emergência do *self* na perspectiva psicanalítica de Winnicott – 142
- Potencial criativo e elemento feminino na constituição do *self* – 144
    - A primeira alimentação teórica e a experiência da ilusão – 145
    - Criatividade, elementos masculinos e femininos, importância do brincar – 146
    - Espaço potencial e objetos transicionais – 149
- Novidade da teoria de Winnicott – 150
- O conceito de cura em Winnicott – 152
- A importância clínica do *self* – 155

UM ENCONTRO COM BION – 161

- Bion: uma abordagem original da psicanálise – 161
- A turbulência emocional – 162
- A postura clínica bioniana – 163
- A teoria sobre o pensar de Bion – 164
- O consultório como ateliê de um artista – 168

CONTRIBUIÇÕES RECENTES SOBRE O CONCEITO DE CURA – 170

• Algumas abordagens recentes – 170

• Cura: um processo sem fim – 178

BIBLIOGRAFIA – 183

Introdução

A psicanálise cura? Essa pergunta se insinua sorrateira em vários estudos, como é possível perceber nas publicações de caráter psicanalítico e nas contribuições feitas em congressos e eventos ligados a Instituições psicanalíticas do mundo inteiro.[1] O próprio Freud, no decorrer de sua obra, se interroga várias vezes sobre os efeitos terapêuticos da psicanálise. Esse questionamento, no entanto, soa estranho, pois a resposta a essa questão parece óbvia. A psicanálise, de fato, nasceu a partir de uma preocupação de cura. Seu fundador era um médico e, em seus escritos, fica bastante claro que ele pretendia curar. Apenas a título de exemplo, podemos tomar um dos textos clássicos da literatura psicanalítica, conhecido como o "Sonho de Irma" (Freud, 1900). O sonho em questão nos apresenta um Freud angustiado com as cobranças "médicas" que lhe são feitas a respeito da cura de sua paciente Irma, que, no entender de seus colegas (no caso o Dr. Otto) e dos próprios familiares, amigos do Freud, não teria sido satisfatória, pois persistiriam os sintomas que a levaram à terapia. O próprio Freud reconhece no sonho que a cura não foi total, mas responsabiliza a paciente

---

1. O tema foi abordado no XVIII Congresso de Psicanálise, organizado pela SBPSP, que se realizou de 6 a 8 de setembro de 2001, em São Paulo, e foi escolhido como tema de trabalho do ano 2000 (cf. Hermann, 2000, p. 425-426).

por isso, por não ter aceitado a *solução* que o terapeuta indicara. Uma das vertentes do sonho, apontada por Freud a título de interpretação, é justamente manifestar o desejo de seu autor de desviar de si a responsabilidade pela cura que não aconteceu da forma desejada. Bastaria este desejo de cura do próprio Freud, para tornar evidente que a psicanálise nasceu com um intuito terapêutico declarado.

De alguma forma, é também o desejo de cura que marca a entrada do paciente no processo de análise. Ele bate à porta do consultório em busca da erradicação de algum mal-estar, muitas vezes não muito bem identificado. Estresse, remorso, tristeza, medo, depressão, incapacidade de relacionar-se com os outros, desejo de ter um maior controle de si mesmo, desejo de ampliar a própria capacidade intelectual, profissional ou emocional, são algumas das queixas que o levam a procurar ajuda profissional em busca de cura. Aliás, como veremos, o desejo de estar melhor é a *condição fundamental* para a busca de uma análise e representa o *"agente interior de cura* do analisando", o ponto de apoio principal a partir do qual se dá o processo analítico (cf. Ferrari, 2000, p. 447).

No entanto, parece haver dúvidas sobre a eficácia terapêutica da psicanálise. Questiona-se de modo geral a duração da análise e sua eficiência em fazer com que os sintomas desapareçam de forma rápida e definitiva. Trata-se de uma visão que tende a situar a psicanálise no contexto médico da erradicação do sintoma.[2] A tendência atual de reduzir os problemas psíquicos que afligem o ser humano ao plano do funcionamento neurológico

---

2. Vale a pena frisar que hoje existem grandes questionamentos no próprio âmbito da medicina sobre o tema da erradicação do sintoma. É sabido de fato que a medicação que visa a erradicação de um sintoma normalmente provoca o aparecimento de outro e isto leva algumas correntes da medicina a sustentar que a cura deveria ser encarada numa perspectiva holística, que leve em conta o organismo humano como um todo, inclusive do ponto de vista do funcionamento psíquico.

torna o quadro ainda mais complexo. O paciente é muitas vezes induzido a recorrer a remédios miraculosos, evitando enfrentar o trabalhoso percurso de uma análise, que exige "penetrar no quarto escuro do desejo inconsciente" (Hermann, 1993, p. 193). Essa tendência foi muito bem identificada e descrita na recente obra de Roudinesco. No capítulo "Medicamentos do espírito", a autora frisa que o efeito dos psicotrópicos é justamente "normalizar comportamentos e eliminar os sintomas mais dolorosos do sofrimento psíquico, sem lhe buscar a significação" (Roudinesco, 2000, p. 21). Sua constatação é que "muitos são os sujeitos que preferem entregar-se voluntariamente a substâncias químicas a falar de seus sentimentos íntimos" (Roudinesco, 2000, p. 30). Sobre essa questão, que muitas vezes contrapõe os defensores do tratamento analítico interpretativo aos defensores da neurofarmacologia, é interessante citar uma observação de Armando Ferrari.

> "O antagonismo que opõe às vezes neurofarmacologia e psicanálise deve, pois, ser procurado em outra ordem de motivações, entre as primeiras a satisfação verificada ao alimentar a idéia de um sofrimento que prescinda do funcionamento global da personalidade, e o conseqüente mito de uma 'cura' por via química, como um *deus ex-machina* que realiza a fantasia onipotente de uma emancipação total da esfera do conflito." (Ferrari, 2000, p. 449-450)

Nos próprios meios psicanalíticos, alguns sustentam que "a análise nada tem a ver com cura, que a cura é uma reminiscência da medicina ou um desejo onipotente e reprovável do analista" (cf. Hermann, 1993, p. 193). Como observa Natalie Zaltzman, em seu artigo "Fazer uma análise e curar: de quê?", o tema da cura tornou-se, nos meios psicanalíticos, quase um tabu (Zaltzman, 2000, p. 458). A fórmula lacaniana: a cura vem apenas como acréscimo, foi tomada ao pé da letra. Mesmo assim, como observa Hermann, nunca "a idéia de cura é abandonada pelo paciente e espera-se que o terapeuta não a abandone também" (Hermann, 1993, p. 194). Dependendo de sua abordagem teórica, o analista tenderá a posicionar-se de maneira diferenciada em relação à questão da cura, mas nunca poderá deixar de encará-la, no mínimo sob forma de cobrança do próprio paciente, de seus familiares ou da própria sociedade. A fantasia de cura é, portanto, um elemento importante na clínica psicanalítica e isto justifica o interesse por esse tema e mostra sua relevância.

Se a psicanálise nasceu com o intuito de curar e se a fantasia de cura joga um papel importante no processo analítico, o problema é definir *o que* a psicanálise cura e *em que sentido* cura. Será justamente esse o objetivo do presente livro. Assim como Freud, a partir de seu desejo de cura, vai descobrindo progressivamente o funcionamento psíquico e montando sua genial construção metapsicológica, ao analisar o conceito de cura na psicanálise, seremos obrigados a percorrer as etapas mais significativas desse percurso e penetrar nos principais temas da teoria psicanalítica em sua progressiva evolução. No decorrer de nossa análise, deparar-nos-emos com uma série de outros questionamentos que tornam intrigante o estudo desse tema. Dentre eles: a questão das fronteiras entre sanidade e doença; a questão do sentido da palavra doença no âmbito da própria configuração existencial humana, levando em conta o atual contexto sociocultural e, finalmente, a própria questão do fim da análise. Não pretendemos aqui responder a elas, mas apenas mapeá-las, na esperança que estudos sucessivos permitam aprofundá-las. O objetivo deste livro é portanto oferecer algumas reflexões introdutórias sobre um tema tão vasto.

Do ponto de vista metodológico, propomo-nos, como passo preliminar, fazer um breve levantamento sobre os termos cura e doença, em sua acepção comum e na acepção dada pela Psiquiatria. Considero este preâmbulo necessário, pois não existe um consenso sobre a terminologia. A *definitio terminorum*, o mapeamento dos termos, nos ajudará a entender a complexidade do tema e as características das fantasias que se relacionam ao processo terapêutico.

Um segundo passo nos levará a definir brevemente em que consiste a doença psíquica para a psicanálise e, em particular, para Freud. Dessa forma estaremos respondendo à primeira pergunta: *o que* a psicanálise pretende curar. O terceiro passo será revisar a obra de Freud, em busca da evolução do conceito de cura nesse autor, tentando definir *em que sentido* uma eventual cura acontece.

Percorrer toda a obra de Freud seria um trabalho demorado e difícil e, considerada sua amplitude, sem dúvida acabaríamos levantando apenas alguns aspectos. Por esta razão, analisaremos apenas alguns textos, a meu ver, indicativos, pois mostram como a questão da cura, embora não abordada de forma temática, está presente nos textos freudianos com matizes diferentes. Nessa breve resenha, merecem particular atenção as Conferências XXVII e XXVIII (Freud, 1916-1917), apontadas por Strachey como textos relevantes para a questão da cura. É contudo um texto dos últimos anos da vida de Freud que nos oferece uma síntese sobre a questão da cura psicanalítica. Trata-se do conhecido ensaio *Análise terminável e interminável* de 1937. Sobre esse texto, bastante polêmico, será necessário nos determos com mais atenção.

Complementaremos a revisão bibliográfica com algumas referências a abordagens psicanalíticas mais recentes. Partindo dos elementos fundamentais da teoria kleiniana, veremos em que sentido eles influenciam a clínica psicanalítica, abrindo caminho para as posturas clínicas de Winnicott e Bion. A seguir, retomaremos alguns conceitos fundamentais da teoria psicanalítica winnicottiana, que nos permitirão identificar possíveis evoluções do conceito de cura no atual contexto psicanalítico, na perspectiva da assim chamada clínica do *self*. Uma breve referência a Bion nos permitirá compreender a maneira como esse autor se posiciona diante do saber psicanalítico e diante da clínica, influenciando de forma bastante significativa as sucessivas leituras do conceito de cura. Para concluir, analisaremos algumas contribuições mais recentes sobre o tema, inclusive de autores brasileiros.

Gostaríamos ainda de fazer duas ressalvas. Em primeiro lugar, ao abordar a obra de Freud, é sempre oportuno lembrar que estamos diante de um pensamento *in fieri* (que vai se fazendo). Trata-se de uma trama extremamente complexa. Freud reformulou várias vezes seu pensamento e cada reformulação, sem deixar de lado o passado, o retoma num novo sentido.[3] Os conceitos de doença psíquica e de cura não fogem a essa característica, que torna complexo um levantamento temático.

Uma segunda ressalva diz respeito mais especificamente ao conceito de cura. Freud aborda várias vezes a questão, mas nem sempre de forma explícita e direta. A cura não é encarada como um tema específico, como é o caso de outros conceitos psicanalíticos, sobre os quais encontramos em sua obra sucessivas formulações. Acreditamos portanto que isso justifique a opção de tomar como base deste livro um dos poucos textos freudianos em que o tema da cura é abordado de forma bastante explícita, a partir da questão do fim da análise. Por tratar-se de um texto dos últimos anos (1937), ele nos põe em contato com o Freud maduro, que engloba as sucessivas reformulações de seu pensamento e uma longa experiência clínica.

Apesar das limitações que se impõem ao nosso estudo, esperamos poder acrescentar alguma luz sobre as questões que envolvem o processo terapêutico. Com surpresa, o leitor acabará percebendo que o tema aqui abordado é a porta de entrada mais indicada para quem pretende entender o que é a psicanálise. O percurso do desejo de cura leva-nos de fato a repercorrer o caminho de Freud, Klein, Winnicott, Bion e a perceber toda

---

3. Cf. nesse sentido o trabalho de Monzani (MONZANI, 1989).

a genialidade de suas construções teóricas, voltadas a entender o funcionamento psíquico.

Acreditamos que as numerosas citações, ao permitirem um acesso direto às formulações de vários autores, enriqueçam ainda mais o livro, tornando-o uma pequena introdução aos conceitos fundamentais da teoria psicanalítica, útil para todos os que estão envolvidos com o ser humano, em particular para psicólogos, psiquiatras, educadores e profissionais da área de recursos humanos. Esperamos enfim que o presente livro ajude a perceber em que sentido o processo analítico pode contribuir para o crescimento do ser humano e, aceitados seus limites, compreender sua peculiaridade e sua importância.

O autor

Doença e cura: o sentido ambíguo dos termos

O senso comum

Uma primeira questão fundamental, com a qual inevitavelmente nos deparamos, é o significado ambíguo do termo "doença" e, em particular, do termo "doença psíquica". Qual seria a fronteira entre a sanidade e a doença no funcionamento psíquico? A essa pergunta está ligada a fantasia de cura dos pacientes e/ou de seus familiares, que querem afastar de si um mal-estar e recuperar a pretensa normalidade. A avaliação da eficácia terapêutica do tratamento psicanalítico evidentemente está ligada a essa questão, tanto no que diz respeito à forma como o próprio analista avalia o andamento da análise, como no que diz respeito à forma como a própria sociedade em geral avalia a utilidade da psicanálise.

Trata-se de uma questão polêmica e complexa. Sua abordagem evidentemente exigiria um estudo aprofundado, com incursões na Medicina, na Psiquiatria e na Bioética. O caráter limitado do presente livro, no entanto, não permite esse aprofundamento e obriga-nos apenas a abordar a questão do ponto de vista do senso comum, com uma pequena incursão na maneira como a Psiquiatria trata da questão da "normalidade". Apesar de limitada, essa abordagem não deixa de ser importante, pois nos permite determinar quais podem ser as expectativas em relação ao processo curativo. Se essas expectativas são fundadas ou não, se são justificadas ou não, na realidade não importa pois, independentemente disso, elas se fazem presentes no consultório e alimentam o imaginário em cujo contexto a psicanálise está destinada a atuar.

Do ponto de vista da linguagem comum, o dicionário nos oferece uma primeira definição das palavras cura e doença. Para o *Dicionário da Língua Portuguesa* de Aurélio Buarque de Holanda Ferreira, "cura" é o ato ou efeito de curar(-se); o restabelecimento da saúde; qualquer meio de debelar uma doença; o tratamento preventivo de saúde; indica também o processo de curar queijos e outros alimentos; em sentido figurado, significa solução, remédio, regeneração, emenda.[4] Já a palavra "doença" indica falta ou perturbação da saúde; moléstia, mal, enfermidade; em sentido figurado, uma tarefa difícil, laboriosa, ou então mania, vício, defeito.[5]

A definição dada pela *Enciclopédia Encarta* é um pouco mais específica: "Doença: qualquer estado em que haja uma deterioração da saúde do organismo humano. Todas as doenças implicam num enfraquecimento do sistema natural de defesa do organismo ou daqueles que regulam o ambiente interno. Mesmo quando a causa é desconhecida, é possível quase sempre explicar uma moléstia com base nas alterações nos processos fisiológicos ou mentais".[6] A definição dada pelo *Dicionário de Psicologia* é mais sintética: "Doença (Krankheit, Sickness): Desenvolvimento *irregular* (grifo do autor) dos processos vitais: corporais, psíquicos ou mentais" (Arnold et al., Vol. III, 1982, p. 410).

---

4. Cf. o verbete "Cura" (FERREIRA, 1994).
5. Cf. o verbete "Doença" (FERREIRA, 1994).
6. Cf. o verbete "Doença" (VV. AA. 1998).

Por sua vez, saúde (do latim *salus*, que significa salvação; preservação da vida) indica o estado do indivíduo cujas funções orgânicas, físicas e mentais se acham em situação *normal*; pode indicar também força, robustez, vigor; disposição do organismo; disposição moral ou mental.[7]

Trata-se, evidentemente, de indicações genéricas, que permitem contudo tentar identificar algumas referências relacionadas à fantasia de cura. A palavra *salus*, além de saúde, no sentido biológico, indica também salvação em sentido espiritual e religioso, além de preservação da vida, em sentido mais genérico. Essa acepção do termo nos remete a uma visão da doença bastante arraigada no contexto cultural ocidental judaico-cristão e, provavelmente, no próprio contexto islâmico. Nesse sentido, a doença é considerada como uma impuridade, algo ligado à privação de salvação, adquirindo assim uma conotação moral. A pessoa é doente porque dela se retirou a graça divina,[8] fonte de vida não apenas em sentido espiritual, mas também material.

Essa conotação da doença como privação de saúde não apenas física, mas também espiritual, percorre o imaginário cristão e se materializa em várias expressões culturais. Tenho em mente, por exemplo, o quadro *A Hipocondríaca* (1663) de Gerard Dou (1613-1675),[9] exposto no Louvre (Paris). À figura quase charlatanesca do médico que segura o pretenso remédio curador, aparentemente uma ampola cheia de água, se opõe o livro sagrado, em primeiro plano no lado esquerdo do quadro, que parece indicar a vaidade dos remédios humanos diante da doença que é, antes de tudo, um problema que tem suas raízes numa doença de caráter moral.

---

7. Cf. o verbete "Saúde" (FERREIRA, 1994).
8. A palavra graça tem na teologia cristã um sentido mais profundo sobre o qual existem divergências interpretativas bastante fortes entre correntes da teologia católica e reformadas. Aqui a entendemos apenas como favor divino.
9. Pintor holandês, aluno de Rembrandt.

Por muito tempo no imaginário judaico-cristão a doença foi tratada como uma expressão de desordem moral, de rejeição divina. Não raramente, no Novo Testamento e, de forma ainda mais drástica, na Idade Média, associou-se à doença uma intervenção diabólica, fazendo com que, em muitos casos, a cura passasse pela expulsão dos espíritos impuros. Dedicar-se aos doentes equivalia, para o cristão, a dedicar-se também ao pecador. A doença é considerada uma desordem que se instaura na ordem natural, ligada ao problema mais vasto do mal. Sobre esse tema existem inúmeras reflexões tanto teológicas como filosóficas, que se estendem no decorrer dos séculos.

Para nossos fins, gostaria apenas de citar a título puramente exemplificativo dois textos antigos, pouco conhecidos por sinal. Diádoco de Fotice, um dos maiores ascetas do século V, é um dos poucos autores dos primeiros séculos do Cristianismo que dedica à doença uma atenção explícita, nos capítulos 53 e 54 de sua obra *Cem capítulos sobre a perfeição moral*. Neles ensina que quando estivermos doentes é permitido chamar o médico, conscientes, porém, que o verdadeiro médico é Cristo. Aceitar a doença com gratidão e suportá-la com paciência e coragem: seria para ele o método para aceder ao estado ideal da *apathèia* (Quasten, 1973, p. 514). A referência a Cristo parece indicar a necessidade de *salus,* entendida aqui como *salvação* e, ao mesmo tempo, introduz a idéia de que a doença é um instrumento de ascese, de elevação espiritual. Uma oração do século IV, extraída do *Sacramentarium Serapionis*, pode dar-nos uma visão ainda mais clara da maneira como no imaginário cristão a doença é associada ao pecado e à presença demoníaca. Trata-se de uma oração feita sobre o óleo, sobre o pão e sobre a água, implorando a bênção divina.

> "Invocamos-te, Tu que possuis toda potestade e força, salvador de todos os homens, Pai de nosso Senhor e Salvador Jesus Cristo, e oramos para que emitas a força curativa do Unigênito celestial sobre este óleo, para que (...) atue

expulsando toda fraqueza e enfermidade, como remédio contra todo demônio, na expulsão de todo espírito imundo, assim como no afastamento de todo espírito, na extirpação de toda febre e calafrio e de todo delírio, a favor da boa graça e da remissão dos pecados, como remédio de vida e de saúde, na saúde e integridade da alma, do corpo e do espírito, para uma perfeita disposição" (Journel, 1946, p 472-473).[10]

Com o desenvolvimento das ciências naturais e com o prevalecer do espírito racionalista e positivista, a doença parece perder seu caráter de distúrbio moral, e passa a ser vista como a conseqüência de um mal-funcionamento físico, cada vez mais isolável de seu aspecto espiritual e psíquico. É neste contexto que atua Freud e que a psicanálise começa a dar os primeiros passos, despertando muitas polêmicas e críticas, ao deslocar o conceito de doença para uma área, aquela do psiquismo, que, mais uma vez, foge ao controle da medicina. Continua, contudo, na crença popular a convicção de que, no fundo, a doença representa um castigo divino ou pelo menos um instrumento de purificação moral e espiritual, como demonstram os numerosos exemplos da ascética cristã, em sua vertente católica, que vê os santos empenhados numa luta dramática contra a doença. A breve e atribulada existência terrena de Santa Teresinha do Menino Jesus pode ser um exemplo paradigmático nesse sentido.[11]

Podemos concluir que o conceito de "doença", embora tenha adquirido maior compreensão do ponto de vista médico, continua tendo uma conotação ambígua, que, de alguma forma, evoca o castigo divino ou, pelo menos, a necessidade

---

10. O texto original é em grego, contudo, minha tradução se baseou na versão latina, reportada na mesma página em nota.
11. Cf. a versão portuguesa das *Obras Completas* de Teresa de Lisieux, publicada por Edições Loyola.

de purificação. Curiosamente, o que traz o paciente ao consultório do analista é, a meu ver, muito mais uma fantasia ligada a esse segundo tipo de concepção da doença pois, geralmente, o paciente acaba procurando o tratamento psicanalítico naqueles casos onde a doença não pode ser identificada como um distúrbio físico (remorso, culpa, incapacidade de relacionar-se com os outros ou com os próprios sentimentos), ou nos casos em que o distúrbio físico parece ter uma etiologia que foge à investigação médica (sintomas físicos de base neurótica).

Temos visto também, na acepção comum dada à palavra "saúde", uma conotação que a vincula a um estado de *normalidade*. Sem dúvida essa é uma considerável vertente das fantasias de cura, tanto do paciente, como do terapeuta. De fato, a sociedade em geral tende a considerar eficiente uma terapia na medida em que cura, ou seja, na medida em que instaura as condições físicas ou psíquicas para que a "normalidade" volte a se impor. No contexto neoliberal isto é ainda mais evidente, pois somente a normalidade habilita o sujeito para a produção e, portanto, para a participação efetiva e afetiva no contexto social produtivo. A quem não produz, não é dado navegar nas águas tranqüilas do grande rio, que levam à praça da Paz Celestial.[12] Para quem não abraça a "normalidade" somente resta assistir das margens (por isso fala-se de marginalizados), o faustuoso cortejo dos bem-sucedidos, aos quais é dado aceder às delícias do consumo. Levando em conta essa acepção da palavra cura, entendida como restabelecimento da normalidade prejudicada pela doença, gostaríamos de analisar brevemente a maneira como em Psiquiatria é abordada a questão da normalidade.

---

12. Referimo-nos com essa expressão a um lugar que, apesar do seu nome sugestivo, é o cenário de intensos conflitos sociais e pessoais. A praça da Paz Celestial de Pequim é apenas um símbolo disso, num contexto não capitalista.

Os conceitos de doença e normalidade em Psiquiatria

Para a análise do conceito de normalidade em Psiquiatria servir-nos-emos do verbete "Norma" do *Dizionario di Psichiatria* de Hinsie e Campbell, publicado na Itália em 1979. Para esses autores, a norma é o "membro de uma classe em relação ao qual são descritos os outros membros" (Hinsie e Campbell, 1979, p. 487). O conceito de normal encerrado nessa definição é portanto relacional: a normalidade indicaria neste sentido uma situação paradigmática, que estabelece uma divisória, um padrão acima do qual e embaixo do qual ocorrem variações, num sentido, poderíamos dizer, estatístico. Logo, porém, os autores alertam para três possíveis significados que são comumente atribuídos ao conceito de norma.

Numa primeira acepção, normas são entendidas como sinônimo de dever, ou seja, anormal é algo que não é como *deveria* ser. Neste sentido, norma remete às idéias de transgressão, culpa e punição. "Esta implicação deontológica do termo norma deve ser levada em consideração: [pois] por uma espécie de deslize semântico corre o perigo de intervir ou de ficar subentendida toda vez que se fala em normalidade e desvio, sobretudo no campo do comportamento humano" (Hinsie e Campbell, 1979, p. 487). Neste sentido a diferença entre normal e anormal seria *qualitativa*.

Por trás dessa concepção há uma discussão de caráter filosófico bastante complexa, sobre a qual existem divergências consideráveis. Trata-se da questão dos fundamentos metafísicos da norma moral, que merece uma breve divagação, pois é justamente a partir de certa interpretação dada a essa questão que surgiu no cristianismo a tendência de identificar a doença com o desvio moral. Bion,[13] em seus escritos, alude a uma

---

13. Sobre o pensamento desse autor, cf. o capítulo "Um encontro com Bion".

diferenciação entre o que é *right* (certo) e o que é *true* (verdadeiro). O problema, para ele, seria definir se o que é certo, a partir de uma determinada norma moral, é também verdadeiro e normativo e, portanto, critério de *normalidade*.

Do ponto de vista filosófico, a diferenciação entre esses dois níveis depende dos pressupostos metafísicos adotados. Se acreditarmos na possibilidade do próprio discurso metafísico, ou seja da possibilidade de se conhecer o ser em sua essência, é de alguma forma possível definir, a partir da essência do Ser, o que é bom e portanto *certo* (*right*) do ponto de vista moral. Se isso é possível, o que é bom torna-se a *norma* que deve ser seguida e o padrão saudável (porque coincide com o que aquele ser é em sua essência) de normalidade no que diz respeito ao comportamento humano. Neste sentido, o certo e o verdadeiro (e portanto saudável) coincidiriam. Mas, se negarmos esse poder onipotente à Metafísica, então fica difícil estabelecer uma relação entre o que é *certo* (right) e o que é *verdadeiro* (*true*). Para Bion, o que caracteriza o pensamento psicótico e, portanto, sua forma doentia de atuar, é justamente a onisciência, que substitui a discriminação entre o verdadeiro e o falso "por uma afirmação ditatorial de que uma coisa é moralmente certa e outra errada".[14]

Podemos concluir, usando as palavras desse autor, que haveria "um conflito em potencial entre afirmar-se que algo é verdadeiro e afirmar-se que algo é moralmente superior".[15] Isso porque "a pretensão de uma onisciência que negue a realidade seguramente faz com que a moralidade, que nessas condições se forma, seja uma função da psicose".[16] Fica assim pairando no ar o questionamento sobre o valor das normas morais, pois, se adotarmos a perspectiva bioniana, estaremos endossando o pressuposto de que a moral se baseia em princípios categóricos (no

---

14. In "Uma teoria sobre o pensar" (BION, 1994, p. 131).
15. Id., Ibid., p. 131-132.
16. Id., Ibid., p. 131.

sentido kantiano) e não numa adequação do ser às leis que o regem,[17] Bion parece aqui frisar a impossibilidade ou, pelo menos, a dificuldade para o ser humano de ter acesso ao Ser. Resta de fato a grande questão de saber se o que é real e, portanto, norma para mim e comportamento saudável é também real e normativo para o outro, ou, dito de outra forma, se o que eu considero real não é apenas uma alucinação do real, o que tiraria ao conceito de normalidade qualquer consistência. Isso joga o ser humano na necessidade de estar constantemente aberto para discernir o que é verdadeiro daquilo que é falso, sabendo porém que nunca poderá afirmar com certeza que aquilo que é verdadeiro para ele é também certo e normativo para os outros, que o que é normal para ele é também normal para o outro.[18]

Existe ainda um outro tipo de norma identificado por Hinsie e Campbell como *norma funcional* ou *constitutiva*. Essas normas presidem à execução de um determinado procedimento. "No que diz respeito ao comportamento, este é normal (em sentido constitutivo ou funcional) se é adequado e eficiente em relação às características e aos objetivos de um indivíduo" (Hinsie e Campbell, 1979, p. 487). Evidentemente, é nesse sentido que a sociedade neoliberal tende a considerar a doença como um desvio da normalidade produtiva.

Finalmente, o terceiro enfoque concebe a normalidade como uma conotação meramente estatística ou descritiva, "considerando normal aquilo que é observado com mais freqüência"

---

17. Sobre esse tema é interessante a leitura do livro do filósofo Alasdair MACINTYRE, uma continuação do famoso *After virtue*, do mesmo autor e uma tentativa de "restituir a racionalidade e a inteligibilidade às nossas atitudes e compromissos morais e sociais" (1991, p. 7).

18. No início do novo milênio, o mundo está vivendo de forma dramática esse conflito, pois o que parece ser certo para o mundo islâmico soa como absurdo para o mundo ocidental, e o que parece certo para o mundo ocidental parece devasso e hipocritamente absurdo para o mundo islâmico. Na dúvida preferiu-se deixar à guerra definir quem tem razão, apelando-se assim aos primitivos rituais do juízo divino.

(Hinsie e Campbell, 1979, p. 487). Nesse sentido, a diferença entre normal e anormal seria *quantitativa*.

Resumindo: "A norma prescritiva (ou ideal) refere-se a uma finalidade extrínseca, a um valor e implica na contraposição bom-mau; a norma constitutiva (ou funcional ou natural) refere-se a uma finalidade intrínseca e implica na contraposição certo-errado; a norma descritiva (ou estatística, ou moda) refere-se à freqüência e implica na contraposição comum-estranho" (Hinsie e Campbell, 1979, p. 487). A conclusão do artigo parece-nos particularmente importante para os fins do nosso livro.

> "Definir um comportamento anormal pode significar duas coisas completamente diferentes: a) que é socialmente desviante; b) que não é sadio (com referência a uma teoria da saúde ela própria, obviamente, mais ou menos condicionada por 'núcleos metafísicos'). Os estudiosos que aceitam os valores da sociedade em que operam tendem a fundir os dois sentidos (...) identificando saúde com adaptação. A psicanálise tende a definir a saúde (e portanto a normalidade) não como adaptação a um determinado ambiente social, mas como liberdade dos conflitos e integração" (Hinsie e Campbell, 1979, p. 487).

A doença como falta de integração entre mundo interno e externo

De acordo com a classificação internacional (DSM II), de 1968, existiam três tipos básicos de doenças mentais: a psicose, a neurose e o atraso mental (cf. Hinsie e Campbell, 1979, p. 483-486).[19] Na revisão sucessiva da Associação Psiquiátrica

---

19. A classificação hoje em vigor é a DSM IV.

Americana (DSM III) a classificação muda identificando quatro tipos básicos de doenças: distúrbios por ansiedade; distúrbios *somatoformes*; distúrbios associativos e distúrbios afetivos. De qualquer forma, o termo neurose permanece (entre parêntese) e continua sendo usado correntemente em oposição ao termo psicose (cf. Gutiérrez, 1991, p. 13). Deixando de lado os atrasos mentais, que têm uma conotação biológica, as doenças psíquicas, que não são devidas a malformações físicas e/ou genéticas (embora já existam estudos que tendem a buscar as causas físicas e genéticas de todo mal-funcionamento psíquico),[20] estão relacionadas basicamente a um problema de integração entre realidade interna e realidade externa. Vamos ver a definição genérica que é dada em Psiquiatria para os dois termos dessa equação.

A neurose

Do ponto de vista psiquiátrico, as neuroses são "distúrbios psíquicos sem base orgânica demonstrável" (Hinsie e Campbell, 1979, p. 475). As seguintes características diferenciam a neurose da psicose (cf. Hinsie e Campbell, 1979):

1. Manutenção da capacidade de discriminação entre realidade externa e interna;
2. Manutenção da capacidade de se comunicar (ou diminuição apenas quantitativa);
3. Consciência da doença;
4. Distúrbios de comportamento que afetam mais a área pessoal do que social;
5. O que caracteriza as neuroses são a angústia, sentimentos de insegurança e mal-estar, ligados a formações sintomáticas.

---

20. Cf. por exemplo o artigo de Itiro Shirakawa, *Uma neuroimagem da esquizofrenia* (SHIRAKAWA, 2001).

A psicose

A psicose, por sua vez, é definida como um grupo específico de distúrbios mentais, distintos das neuroses, das psicopatias (sociopatias), dos distúrbios psicossomáticos, dos distúrbios de caráter e do atraso mental (Hinsie e Campbell, 1979). As psicoses, do ponto de vista psiquiátrico, podem ser divididas em Síndromes Cerebrais Orgânicas e Psicoses Funcionais (esquizofrenia, psicoses afetivas, paranóia, reações depressivas psicóticas). Hinsie e Campbell, contudo, observam que o termo não tem sido usado de forma uniforme, gerando certa ambigüidade. Em geral, o que distingue uma psicose, do ponto de vista psiquiátrico, são as seguintes características (cf. Hinsie e Campbell, 1979).

1. Trata-se de distúrbios mais graves;
2. O psicótico tem sérias dificuldades de manter relações de objeto; a realidade externa é percebida de forma distorcida;
3. A emotividade do psicótico é exagerada;
4. As funções intelectuais podem ser prejudicadas a ponto de prejudicar a linguagem e a capacidade de pensar e de julgar, com a ocorrência de alucinações e delírios;
5. Pode levar a níveis comportamentais muito primitivos;
6. Caracteriza-se pela ausência de autocrítica.

O funcionamento psíquico em Freud

A doença psíquica na visão freudiana

Do ponto de vista psicanalítico, podemos distinguir basicamente quatro tipos de afecções psíquicas: neuroses, psicoses, perversões e doenças psicossomáticas (Laplanche, Pontalis, 2001). A seguir, contudo, deter-nos-emos mais detalhadamente sobre as neuroses e as psicoses, com uma breve referência às perversões.

Neuroses

Laplanche e Pontalis definem a neurose como uma "afecção psicogênica em que os sintomas são a expressão simbólica de um conflito psíquico que tem raízes na história infantil do sujeito e constitui compromissos entre desejo e defesa" (Laplanche, Pontalis, 2001, p. 296). Como os próprios autores apontam, Freud entre 1800 e 1900 demonstra ter em mente uma distinção relativamente segura do ponto de vista clínico entre psicose e neurose, consagrando uma terminologia que, de forma geral, é aceita até hoje. Contudo, vale a pena esclarecer desde já que "a principal preocupação de Freud não é então delimitar neurose e psicose, mas pôr em evidência o mecanismo psicogênico em toda uma série de afecções" (Laplanche, Pontalis, 2001, p. 297).

Num primeiro momento (1915), Freud distingue entre *neuroses atuais*, cuja origem é devida a distúrbios somáticos da sexualidade, e *psiconeuroses de transferência* e *narcísicas*, cuja origem se localiza num conflito psíquico. Na categoria das neuroses narcísicas ele inclui nesta época também o que em psiquiatria se define comumente como psicose. Alguns anos depois (1924), Freud distingue entre *neuroses atuais*, *neuroses* propriamente ditas, *neuroses narcísicas* e *psicoses*. Hoje em dia a maioria dos autores ligados à psicanálise prefere distinguir entre afecções psicossomáticas, neurose e psicose (maníaco-depressiva, paranóica e esquizofrênica), uma esquematização que grosso modo é seguida pela maioria das escolas psiquiátricas (Laplanche, Pontalis, 2001).

Uma classificação a parte merecem as *perversões* (chamadas também por Freud de *psiconeuroses)*. Freud afirma que "a neurose é, por assim dizer, o negativo da perversão" (Freud, 1905a, p. 157 e 225). A perversão poderia ser descrita de maneira simplificada como uma expressão da sexualidade infantil, caracterizada pela ausência da repressão, mas não podemos esquecer que ela adquire uma complexidade grande e uma diferenciação considerável. Como observam Laplanche e Pontalis, Freud, num dos seus últimos trabalhos sobre o fetichismo (Freud, 1927), identifica também nesse caso a presença de *defesas* e sublinha "a complexidade desses modos de defesa: recusa da realidade, clivagem (*Spaltung*) do ego etc., mecanismos que não deixam de se aparentar com os da psicose" (Laplanche, Pontalis, 2001, p. 344).

Basicamente podemos dizer que a neurose é caracterizada por *sintomas* (perturbações do comportamento, dos sentimentos ou do pensamento) que manifestam uma defesa contra um conflito interno fonte de angústia, resultando em benefícios secundários (Laplanche, Pontalis, 2001).

Psicoses

Do ponto de vista psicanalítico, a psicose abrange diversas estruturas: paranóia (incluindo de modo geral as afecções delirantes) e esquizofrenia, por um lado, e, por outro, melancolia e mania. "Fundamentalmente, é numa perturbação primária com a realidade que a teoria psicanalítica vê o denominador comum das psicoses, onde a maioria dos sintomas manifestos (...) são tentativas secundárias de restauração do laço objetal" (Laplanche, Pontalis, 2001, p. 390).

Como apontam Laplanche e Pontalis, em Freud, a noção de psicose foi evoluindo, de acordo com a maneira como ele concebia o aparelho psíquico na primeira e na segunda tópica.[21] Acredito, contudo, que um texto dos últimos anos da obra de Freud permita-nos esboçar uma diferenciação bastante satisfatória entre neurose e psicose, que identifica, como já fazia a psiquiatria, na origem das afecções psíquicas, um conflito ente mundo interno e realidade externa. O texto é bastante claro nesse sentido.

> "Recentemente, seguindo linhas inteiramente especulativas, cheguei à proposição de que a diferença essencial entre a neurose e a psicose consistia em que, na primeira, o ego, a serviço da realidade, reprime um fragmento do id, ao passo que, na psicose, ele se deixa induzir, pelo id, a se desligar de um fragmento da realidade" (Freud, 1927, p. 158).

Vale a pena frisar que logo depois Freud, como freqüentemente acontece, questiona essa definição a partir de sua experiência clínica, chegando à conclusão que em alguns casos a atitude que se ajusta ao desejo e aquela que se ajusta à

---

21. Cf. p. 26ss.

realidade podem coexistir e podem constituir a base de uma neurose obsessiva grave (Freud, 1927). O tema é retomado com mais precisão em dois textos de 1924 (Freud, 1924a e 1924b), nos quais, mais uma vez, Freud tenta definir em que consiste o conflito que caracteriza esse tipo de afecção.

O conflito: sua origem no funcionamento psíquico

Como vimos até agora, o conceito de conflito é fundamental para compreendermos a maneira como a psicanálise concebe as afecções psíquicas.[22] Para que possamos compreender em que sentido a psicanálise cura, analisaremos agora alguns aspectos básicos da maneira como Freud concebe o funcionamento psíquico, extraídos da teoria sobre as pulsões e sobre a angústia.

As pulsões

A teoria pulsional constitui um dos pontos centrais e mais originais da teoria psicanalítica freudiana. A preocupação de Freud, como vimos, é essencialmente clínica. Seu objetivo é entender como funciona o psiquismo humano, ao qual, como clínico, podia fazer remontar a fonte de tantos sofrimentos presenciados no dia-a-dia através de seus contatos com os pacientes. Dessa preocupação terapêutica partem suas reflexões. O grande mérito de Freud é justamente tentar uma abordagem do psiquismo que dê conta dos conflitos internos

---

22. "Nosso plano de cura baseia-se nessas descobertas. O ego acha-se enfraquecido pelo conflito interno e temos de ir em seu auxílio" (FREUD, 1940, p. 187).

e do fracasso dos processos racionais e volitivos no controle do agir humano. A compreensão freudiana das pulsões segue um itinerário evolutivo comum a outros pontos-chave de seu pensamento.

Trieb e instinkt

Antes de adentrarmos na compreensão desse importante ponto da teoria psicanalítica, será necessário um breve esclarecimento sobre a terminologia empregada. Freud, em sua obra, emprega dois termos: *trieb* e *instinkt*, introduzindo uma nuance semântica que não pode ser traduzida na língua portuguesa pelo simples emprego da palavra instinto. Para traduzir a palavra alemã *trieb*, foi introduzido o termo pulsão, um neologismo que passou a ser comum na linguagem psicanalítica, mas que não tem um lastro semântico na língua falada. Vale contudo a pena observar que o termo *trieb* foi traduzido na *Standard Editon* inglesa com o termo *instinct*, e não com o termo *drive,* como alguns autores teriam preferido. A edição portuguesa das obras de Freud, assim como a maioria das traduções que dependem da edição inglesa, usa portanto o termo *instinto* para traduzir *trieb* (Laplanche, Pontalis, 2001). Como esclarece Strachey, na Introdução Geral da obra de Freud, no primeiro volume da *Edição Standard Brasileira* (p. 31-32), a opção se justifica pelo fato do termo *drive* não traduzir de forma apropriada o termo *trieb*. No entanto, ele observa que raramente Freud usa o termo *instinkt*. Fica portanto claro que o termo instinto deve ser entendido como o equivalente de *trieb* e não de *instinkt* (o instinto animal).

Neste livro ambos os termos (instinto e pulsão) são usados para indicar o termo alemão *trieb*, mesmo porque as citações são extraídas da Edição Standard Brasileira que, como vimos, usa o termo instinto e não o termo pulsão. Por outro lado, do ponto de vista semântico, o uso do termo pulsão pode ser mais técnico mas, por não ter lastro na linguagem falada, é ainda menos evocativo do que o uso impreciso do termo instinto. Para que o leitor tenha uma noção completa da riqueza semântica do termo *trieb*, remetemo-nos aos possíveis sentidos apontados por Hanns (1996, p. 338-354), que podem ser resumidos basicamente da seguinte forma:

Conotações

1. coloca em movimento;

2. engloba elementos universais da espécie;

3. vem de alhures (impessoal, atemporal);

4. imperativo;

5. de origem indeterminada;

6. tem plasticidade;

7. enfoca a geração da ação.

Significados

1. força interna que impele, impulsiona;

2. tendência, inclinação;

3. instinto, força biológica inata (hereditária);

4. ânsia, impulso;

5. broto, rebento.

Processo primário e secundário

No *Projeto para uma Psicologia Científica* (1895a), Freud faz uma primeira tentativa, ainda vinculada a uma visão neurodinâmica do psiquismo humano. Essa tentativa, embora sucessivamente abandonada, é importante, porque nos permite perceber uma dinâmica que ficará à base das sucessivas formulações, inclusive daquelas ligadas à metapsicologia. A primeira constatação de Freud é a existência, no psiquismo humano, de uma energia pulsional, que pode ser entendida através dos princípios científicos da dinâmica dos corpos físicos. Freud concebe, nessa fase, o psiquismo como um sistema neuronal, no qual circula uma energia descrita como característica quantitativa Q, sujeita ao deslocamento e à descarga (Freud, 1895a). Freud constata que o organismo lida com uma inflação de estímulos que o agridem, não somente a partir do mundo externo, mas também do mundo interno. Ele associa a energia pulsional ativada por esses estímulos a três classes de neurônios. O primeiro, chamado ϕ, não inibe a passagem de energia e permanece inalterado após sua passagem. O segundo, φ, permite uma passagem parcial de energia, ficando modificado após sua passagem, sob forma de representação de uma memória. Finalmente, o neurônio ϖ é excitado pela percepção consciente e fornece ao psiquismo a indicação da realidade (Freud, 1895a). Trata-se de uma antecipação daquilo que mais tarde, ao mapear o processo pulsional, Freud definirá como processo primário, processo secundário (vinculado) e princípio da realidade.

O processo primário "pode ser descrito de forma esquemática: a fonte pulsional envia a energia psíquica sob a forma de estímulos pulsionais cuja manifestação coincidirá com vivências afetivas (de prazer e desprazer) que se associam a determinadas imagens (a maioria de origem externa) produzidas naquela ocasião" (Hanns, 1999, p. 85). "De forma geral, no processo primário reina um estado que se caracteriza pela disposição imediata a sair da *Unlust (Desprazer)* para a *Lust (Prazer)*, pela alucinação, onde se vive no limiar entre a alucinação e a realidade" (Hanns, 1999, p. 88).[23] O que diferencia o

---

23. Podemos traduzir *Unlust* por desprazer, insatisfação, e *Lust* por prazer, satisfação.

processo primário do secundário é o fato de a libido, nessa fase, estar livre, num estado fluído em busca de vincular-se a uma representação, que lhe permita o acesso à consciência. Para usar uma expressão de Bion, poderíamos dizer que são percepções em busca de um pensamento.

Já no processo secundário "as pulsões passam a assumir formas mais estáveis no âmbito representacional. Este aparelho (...) acumula, distribui e encaminha as cargas pulsionais a partir de um estoque de associações disponíveis com as quais ele opera segundo regras gerais de raciocínio. Estas regras lhe permitem simular e antecipar a cada momento o melhor percurso" (Hanns, 1999, p. 91).

Primeira tópica

Na *primeira tópica*, as pulsões percorrem um caminho que atravessa três *instâncias*: o *inconsciente*, o *pré-consciente* e a *consciência*. A região inconsciente é uma região sem tempo e sem espaço, absolutamente inacessível à consciência, onde a atividade pulsional se encontra em seu estado puro. No pré-consciente o pulsar da vida inconsciente tenta um primeiro contato com a consciência, sob forma de representações, que se apresentam no limiar da consciência. Como o próprio Freud explica: "Podemos falar num pensamento inconsciente que procura transmitir-se para o pré-consciente, de maneira a poder então penetrar na consciência" (Freud, 1900, p. 635). A grandeza de Freud consiste justamente no fato de ter frisado a importância dos processos inconscientes como base da própria vida psíquica.

> "O inconsciente é a esfera mais ampla, que inclui em si a esfera menor do consciente. Tudo o que é consciente tem um estágio preliminar inconsciente, ao passo que aquilo que é inconsciente pode permanecer nesse estágio e, não obstante, reclamar que lhe seja atribuído o valor pleno de um processo psíquico. O inconsciente é a verdadeira realidade psíquica;

em sua natureza mais íntima, ele nos é tão desconhecido quanto a realidade do mundo externo, e é tão incompletamente apresentado pelos dados da consciência quanto o é o mundo externo pelas comunicações de nossos órgãos sensoriais" (Freud, 1900, p. 637).

Segunda tópica

A partir da segunda tópica, Freud vê o funcionamento psíquico como um processo mais complexo. O pré-consciente é substituído pela noção de *ego*. Entre o mundo externo e o mundo interno inconsciente situa-se o *ego*, que Freud define como "uma organização coerente de processos mentais (...), a instância mental que supervisiona todos os seus próprios processos constituintes" (Freud, 1923, p. 30). "A função do ego é unir e reconciliar as reivindicações das três instâncias a que serve", ou seja id, mundo externo e superego (Freud, 1924c, p. 184). Poderíamos dizer que o próprio organismo, para manter seu equilíbrio diante da pressão pulsional, deve estabelecer barreiras (inibição, recalque), guiado pelo princípio de realidade.[24]

---

24. No decorrer do livro usaremos os termos recalque (Verdrängung) e repressão (Unterdrükung) de forma indiferenciada. No entanto, alguns autores, sobretudo aqueles ligados à escola francesa, tendem a diferenciar os termos. Laplanche e Pontalis (2001) definem o recalque como a "operação pela qual o sujeito procura repelir ou manter no inconsciente representações (pensamentos, imagens, recordações) ligadas a uma pulsão" (p. 430) e a repressão como a "operação psíquica que tende a fazer desaparecer da consciência um conteúdo desagradável ou inoportuno: idéia, afeto etc." (p. 457). Na opinião desses autores "a repressão opõe-se, sobretudo no ponto de vista tópico, ao recalque" (p. 458), ou seja, a repressão seria um mecanismo de remoção de determinados conteúdos da consciência, motivado preponderantemente por fatores morais e culturais, enquanto o recalque seria a passagem do sistema pré-consciente para o inconsciente de determinadas representações pulsionais. Para esses autores, o afeto ligado à representação é sempre reprimido (ou transformado), enquanto a representação é recalcada. Como observa Hanns (1997), o próprio Freud não costuma diferenciar os termos, embora numa nota ao capítulo 7 da *Interpretação dos sonhos*, ele afirme que o termo recalcado "está mais ligado ao inconsciente".

O ego tem no *superego* um modelo que se esforça a seguir, um modelo que surge no decorrer do desenvolvimento do psiquismo humano, a partir da dissolução do Complexo de Édipo, através da introjeção das figuras paternas.[25] Essas figuras evocam um poder "por trás do qual jazem escondidas todas as influências do passado e da tradição" (Freud, 1924c, p. 185). O *superego*, embora surja de processos inconscientes, torna-se portanto o representante do mundo externo real.

De acordo com a teoria freudiana, o aparelho psíquico é regulado por dois princípios, o *princípio de prazer* e o *princípio de realidade* (1911), aos quais, mais tarde (1920), se acrescenta o princípio de morte. Esse conceito introduz uma mudança substancial à teoria pulsional e merece uma atenção toda particular, pois será, a partir das formulações de Melanie Klein, o ponto de partida de sucessivos desenvolvimentos da psicanálise.

Repetição e pulsão de morte

A pulsão de morte é um conceito introduzido por Freud em 1920, na sua obra *Além do princípio de prazer*. Trata-se de um dos mais discutidos conceitos da teoria psicanalítica, como afirma Daniel Widlöcher ao justificar a escolha desse tema para o Primeiro Simpósio organizado pela Sociedade Européia de Psicanálise, em 1984, que resultou na publicação de um pequeno volume (Green et al., 1988) contendo as exposições de alguns renomados psicanalistas sobre o tema. Na opinião desse autor, o conceito de pulsão de morte formaliza "uma teoria geral que organiza, num sistema explicativo mais vasto, a interação dos processos psíquicos" (Green et al., 1988, p. 8). Para Renato Mezan, trata-se de um elemento novo; um ponto de partida para uma fase diferente da malha conceitual freudiana

---

25. A teoria da dissolução do complexo de Édipo é apresentada com mais detalhes no capítulo "Análise sem fim?" (p. 85).

(Mezan, 1998). Novo não apenas em relação à teoria das pulsões e à concepção da doença neurótica e por conseqüência da terapia, mas sobretudo novo do ponto de vista antropológico, introduzindo na psicanálise uma dimensão especulativa, a partir do tema da violência. As discussões relatadas no livro *A pulsão de morte* mostram claramente como estamos longe de um consenso entre os psicanalistas sobre o alcance e a real interpretação dessa teoria, no âmbito dos conceitos previamente estabelecidos por Freud para descrever o psiquismo humano.

Como vimos, Freud em sua primeira formulação, identifica a dominância do princípio do prazer. À base da atividade pulsional humana e do próprio psiquismo estaria o princípio de prazer. O caminho através do qual Freud chega ao conceito de pulsão de morte, em *Além do princípio do prazer,* é a constatação que o princípio de prazer e de realidade não são suficientes para explicar todas as nuances do funcionamento psíquico verificadas na clínica.

Em *Formulações sobre os dois princípios do funcionamento mental,* Freud retoma temas já abordados no *Projeto* e em *A interpretação dos sonhos.* O que rege o funcionamento dos processos mentais primários, no plano do inconsciente, continua sendo o *princípio do prazer*:

> "O propósito dominante obedecido por estes processos primários é fácil de reconhecer, ele é descrito como o princípio de prazer/desprazer (*Lust/Unlust*), ou, mais sucintamente, princípio de prazer. Estes processos esforçam-se por alcançar prazer, a atividade psíquica afasta-se de qualquer evento que possa despertar desprazer. (Aqui temos a repressão)" (Freud, 1911, p. 237-238).

O estado de repouso psíquico original é perturbado pelas exigências da libido. De início, o aparelho psíquico procura satisfação mediante o processo da alucinação. Ao perceber, porém, que a alucinação não leva à satisfação, o psiquismo empenha-se em direção a uma "alteração real", em busca de um objeto, mediante uma "comparação com os traços de memória da realidade" (Freud, 1911, p. 239). Nesse momento, porém, entram em ação os instintos de autopreservação do ego, pois, diante das dificuldades apresentadas pelo mundo externo para a satisfação do desejo, o princípio de prazer é "ineficaz e até mesmo altamente perigoso" (Freud, 1920, p. 20). O princípio do prazer, portanto, interage com outro princípio regulador, o *princípio de realidade,* que está ligado aos processos mentais secundários, os processos em que os estímulos pulsionais são vinculados a determinadas representações. Esta é justamente a função do ego: agir como intermediário entre as exigências pulsionais do inconsciente e o mundo externo, evitando assim que a atividade pulsional se volte contra o próprio indivíduo e, permitindo, ao mesmo tempo, que a sobrecarga pulsional seja por assim dizer "encaminhada" pelo psiquismo de maneira a manter a tensão num estado suportável e o fluxo pulsional numa situação de constância.

Em *Além do princípio de prazer,* algumas observações a partir da experiência clínica e dos jogos infantis, levaram Freud a rever essa concepção.[26] O que caracteriza essas experiências é a compulsão à repetição. Em si, a repetição não apresentaria nenhum problema, se tivesse como objeto experiências agradáveis. Isto confirmaria a predominância do princípio de prazer, até aqui sustentada por Freud. Mas, em algumas circunstâncias, a repetição não tem como objeto experiências prazerosas e sim experiências dolorosas. Freud constata que, nessas experiências, conteúdos inconscientes reprimidos esforçam-se para se expressar.

---

26. "Deve-se contudo apontar que, estritamente falando, é incorreto falar na dominância do princípio do prazer sobre o curso dos processos mentais" (FREUD, 1920, p. 19).

A primeira experiência a que Freud se refere é aquela ligada aos sonhos que se relacionam às neuroses traumáticas. "Os sonhos que ocorrem nas neuroses traumáticas possuem a característica de *repetidamente* [grifo do autor] trazer o paciente de volta à situação de seu acidente" (Freud, 1920, p. 24); uma experiência, portanto, nada agradável.

Observando casualmente as brincadeiras das crianças, provavelmente seus netos, Freud percebe o mesmo fenômeno em atividades normais. Neles a criança simboliza, no gesto repetido de jogar longe de si um brinquedo, a experiência de separação da mãe. "A partida dela tinha de ser encenada como preliminar necessária a seu alegre retorno, e (...) neste último residia o verdadeiro propósito do jogo" (Freud, 1920, p. 26). A criança, inicialmente dominada pela experiência de ser abandonada pela mãe, ao repeti-la na sua brincadeira, assume um papel ativo, como se quisesse controlá-la.

Uma experiência semelhante parece ser vivida pelo psiquismo nas representações artísticas que trazem à tona sentimentos dolorosos (como no caso de um drama). Freud conclui: "Mesmo sob a dominância do princípio de prazer, há maneiras e meios suficientes para tornar o que em si mesmo é desagradável num tema a ser rememorado e elaborado na mente" (Freud, 1920, p. 28). Contudo, observa Freud, em última análise, essas situações ainda têm a produção de prazer como resultado final.

Onde Freud encontra um indício inegável da necessidade de ir além do princípio de prazer é na prática analítica, em particular no fenômeno da transferência. No processo terapêutico o objetivo é tornar consciente o que é inconsciente. Esse processo, contudo, não funciona se for apenas baseado nas considerações teóricas do analista, por este "comunicadas" ao paciente. Para a terapia ter efeito, o paciente é levado pelo próprio processo terapêutico a "*repetir* o material reprimido como se fosse uma experiência contemporânea, em vez de (...) recordá-lo como algo pertencente ao passado" (Freud, 1920, p. 29).

Fragmentos da vida sexual infantil e, em particular, elementos ligados ao complexo de Édipo e seus derivados,[27] são retomados no processo de transferência. Mais uma vez, assistimos a uma *compulsão à repetição*, que se origina nas resistências do ego, em particular no reprimido inconsciente (já que "grande parte do ego é ela própria inconsciente") (Freud, 1920, p. 30). Essas resistências do ego funcionam sob a influência do princípio de prazer, pois buscam evitar o desprazer que a liberação do reprimido provocaria. Nesse caso, porém, "a compulsão à repetição (...) rememora do passado experiências que não incluem possibilidade alguma de prazer" (Freud, 1920, p. 31): seu objetivo portanto não é evitar o desprazer. Os pacientes tendem a repetir na transferência todas essas situações indesejadas e emoções penosas. Isso indica que há na mente "uma compulsão à repetição que sobrepuja o princípio de prazer" (Freud, 1920, p. 33).

Trata-se de uma necessidade cega do inconsciente de realizar o próprio desejo que, ao ser bloqueado pelo ego, não tem outra saída a não ser repetir-se indefinidamente. Como explica Mezan, referindo-se ao processo de repetição nas neuroses traumáticas, "repetir é procurar ganhar o controle da situação e também preparar o indivíduo para resistir melhor a traumas futuros, dotando-o da capacidade de desenvolver angústia e desta forma prever quando eles ocorrerem" (Mezan, 1998, p. 256).

Para explicar a finalidade a que obedece a compulsão à repetição, é necessário recorrer aos princípios de energia pulsional livre e vinculada.[28] Toda vez que, no psiquismo, se introduz uma quantidade exagerada de excitação (energia livre), é necessário vinculá-la a determinados focos energéticos

---

27. Podemos lembrar a experiência de perder o afeto exclusivo dos pais com o nascimento real ou temido de um novo irmão, a humilhação de fracassar no disputa do amor exclusivo da mãe ou do pai, a experiência da castração e a necessidade de introjetar a autoridade paterna e as exigências ameaçadoras do superego.
28. Cf. neste capítulo o subtítulo "Processo primário e secundário".

(representações), para expeli-la sem perder o controle e obter assim o alívio. A vinculação ocorre em nível inconsciente e faz com que o fluxo livre de energia seja convertido numa catexia (fluxo de energia psíquica) quiescente a partir dos *traços* permanentes mnêmicos, representações de experiências do mundo interno e externo, uma verdadeira rede de simulações mentais (Hanns, 1999) que se originam a partir das *facilitações* deixadas pela passagem prévia de energia psíquica por um determinado caminho.

A repetição se inscreve nesse tipo de funcionamento mental. No caso da transferência dos acontecimentos da infância, tal como ocorre na análise, percebe-se que esse processo não obedece, como era de se supor, ao princípio do prazer. "Os traços de memória reprimidos de suas experiências primevas não se encontram presentes [no paciente] em estado de sujeição, mostrando-se incapazes de obedecer ao processo secundário" (Freud, 1920, p. 47), que os reprimiria por serem traços de memórias de desprazer. A compulsão à repetição tem portanto um traço eminentemente instintual e, neste sentido, é uma força pulsional "livre".[29]

Para Freud, o instinto de morte é um impulso inerente à vida orgânica, que visa restaurar um estado anterior das coisas, é um tipo de pulsão que leva a voltar para o estado inorgânico. À análise dos instintos, Freud dedica boa parte do capítulo quinto de *Além do princípio de prazer*. A conclusão à qual chega é surpreendente: o instinto somente na aparência é uma força que impele à mudança, na realidade sua natureza é essencialmente conservadora; seu objetivo é voltar a um estado antigo de coisas, "um estado inicial de que a entidade viva (...) se afastou e ao qual se esforça por retornar" (Freud, 1920, p. 49). Tudo o que

---

29. Como observa Laplanche, "As pulsões sexuais de morte funcionam segundo o princípio da energia livre (princípio do zero), seu fim é a descarga pulsional total, ao preço do aniquilamento do objeto" (GREEN et al., 1988, p. 24).

vive tende a morrer por razões internas, a tornar-se novamente inorgânico, neste sentido "o objetivo de toda vida é a morte". Isso leva Freud a afirmar paradoxalmente que os instintos de autoconservação tendem apenas a fazer com que o organismo morra de seu próprio modo. A pulsão de morte é relacionada por Freud a esse tipo de instintos.

O funcionamento mental com a introdução do conceito de pulsão de morte passa a ter uma conotação dialética: por um lado uma tendência leva o psiquismo a buscar a paz (por isso Freud se refere ao conceito de Nirvana), enquanto, por outro, a libido introduz no psiquismo uma dose de excitação e impulsiona no sentido da busca de um objeto. Num primeiro momento, Freud chega a dizer que o princípio de prazer, por visar a diminuição da tensão pulsional, estaria a serviço da pulsão de morte. Mais tarde (Freud, 1924c) revê essa interpretação e prefere ver na base do psiquismo três princípios distintos, o princípio de prazer, o princípio de realidade e a pulsão de morte.

A esse respeito, E. Richardt e P. Ikonen, dizem que o termo pulsão de morte não deveria ser tomado ao pé da letra e sugerem que, como alternativa, se fale em *pulsão de ligação*, pois o objetivo da pulsão de morte é justamente restabelecer a paz, vinculando a libido não ligada, fonte de toda excitação da mente humana (embora logo admitam que o termo não dá conta de todos os aspectos comumente atribuídos à pulsão de morte) (Green et al., 1988, p. 72-75). Para eles pulsão de morte seria "um apaziguamento da libido excedente não ligada". Laplanche deriva a pulsão de morte do recalque originário e a situa no núcleo do id. No primeiro caso, temos uma interpretação mais *light* da pulsão de morte, na linha de Laplanche uma interpretação mais "radical": a pulsão de morte é considerada o "inimigo do ego", uma energia hostil que emana do id.

Angústia

A angústia é outro fenômeno importante para distinguir o caráter conflitante do psiquismo humano e, por conseqüência, para identificar as falhas que ocorrem em seu funcionamento. Como já observamos, a obra de Freud é a expressão de um pensamento *in fieri*. Os conceitos vão organizando-se aos poucos, sendo continuamente questionados, negados e sucessivamente retomados, numa nova perspectiva. O conceito de angústia, na obra freudiana, segue esse itinerário, que pode ser sintetizado em duas formulações sucessivas.

Primeira formulação

Num primeiro momento, encontramos uma série de textos em que Freud tenta definir a angústia como uma *transformação* da tensão sexual acumulada, que não consegue sua descarga por via psíquica. Trata-se de um momento inicial, em que o conceito de angústia é marcado por uma "descrição fenomenológica" e não por uma "exposição metapsicológica" (Mezan, 1998, p. 306). Como veremos a seguir, nesse momento Freud ainda está ligado a uma visão neurológica, preocupada em explicar como os fenômenos se dão do ponto de vista do funcionamento econômico do psiquismo.

Vamos começar nossa análise com um texto de 1894, o *Rascunho "E"* (Freud, 1892-1899, p. 235-241). Nesse texto, a neurose de angústia é relacionada à sexualidade e, em particular, ao *coitus interruptus*. Freud afirma que a origem da angústia não é psíquica e sim física. A seguir, cita alguns exemplos por ele indagados onde a angústia se faz presente ligada à vida sexual: todos esses casos têm em comum a acumulação física de excitação sexual, como conseqüência de ter sido evitada ou impedida a descarga (o coito).

A angústia seria, portanto, uma "transformação" que surge a partir da tensão sexual acumulada. Freud relaciona a angústia à melancolia (depressão), que faz com que a pessoa não sinta necessidade da relação sexual. Para entender como a angústia ocorre, Freud examina as duas possíveis fontes da excitação, a exógena e a endógena. No primeiro caso, a excitação provém de fora e atinge diretamente a psique, que procura reduzir a quantidade de excitação, manejando-a através de uma reação adequada, "que reduza em igual quantidade a excitação psíquica". No caso da endógena, a fonte de excitação é interna (fome, sede, excitação sexual). Ela exige "reações específicas — reações que evitem novo surgimento de excitação nos órgãos terminais em questão" (Freud, 1892-1899, p. 237-238).

A tensão endógena somente é percebida quando atinge determinado limiar, acima do qual passa a ter *significação psíquica*, e "entra em contato com determinados grupos de idéias" (Freud, 1892-1899, p. 238). O objetivo é a busca de uma descarga. "A tensão sexual física acima de certo nível desperta a libido psíquica, que então induz ao coito" (Freud, 1892-1899, p. 238). Quando a reação específica deixa de se realizar, a tensão aumenta, tornando-se uma perturbação. A neurose de angústia é uma transformação dessa perturbação. "A tensão física, não sendo psiquicamente ligada, é transformada em angústia" (Freud, 1892-1899, p. 238), fazendo com que haja um alívio da tensão sexual. Conclui Freud:

> "Nos casos em que há um considerável desenvolvimento da tensão sexual física, mas esta não pode ser convertida em afeto pela transformação psíquica — por causa do desenvolvimento insuficiente da sexualidade psíquica, ou por causa da tentativa de suprimi-la (defesa), ou por causa do declínio da mesma, ou por causa do alheamento habitual entre sexualidade física e psíquica —, a tensão sexual se transforma em angústia" (Freud, 1892-1899, p. 240).

Como observa Freud, as causas podem ser variadas: desenvolvimento insuficiente da sexualidade psíquica, sua repressão, seu declínio, alheamento habitual. Em todos esses casos, a acumulação de tensão física e o evitar a descarga provocam um acúmulo de tensão que se transforma em angústia e se manifesta como "a sensação de acumulação de um outro estímulo endógeno, o estímulo de respirar" (Freud, 1892-1899, p. 240). Seus sintomas são a falta de ar, palpitações (sensações presentes também no coito). Se na histeria a excitação psíquica acumulada toma o caminho errado, na angústia a tensão física acumulada não consegue entrar no âmbito psíquico e portanto permanece no plano físico. São evidentes os paralelos desse texto com algumas teses que Freud desenvolverá sucessivamente e que, inicialmente, encontramos esboçadas no *Projeto para uma psicologia científica* (1895a).

No segundo texto, "Primeiros passos em direção a uma teoria da neurose da angústia" (Freud, 1895b, p. 108-113), Freud procura retomar sua conceituação, em três tópicos, sem contudo apresentar grandes avanços. A neurose de angústia é considerada como o resultado de um mecanismo que consiste "numa deflexão da excitação sexual somática da esfera psíquica e no conseqüente emprego anormal desta excitação" (Freud, 1895b, p. 109). Nesse texto, Freud estabelece um paralelo entre neurastenia e angústia. "A neurastenia surge sempre que a descarga adequada (a ação adequada) é substituída por uma menos adequada", como por exemplo a masturbação substituindo o coito (Freud, 1895b, p. 110). Já a neurose de angústia "é produto de todos os fatores que impedem a excitação sexual somática de ser psiquicamente elaborada" (Freud, 1895b, p. 110), pois ela é subcorticalmente despendida em reações totalmente inadequadas, sem que consiga ativar representações psíquicas adequadas. Freud aponta alguns fatores etiológicos da angústia: a *abstinência intencional,* a *excitação não consumada,* o *coitus reservatus,* a *senectude,* a *angústia virginal,* a *ejaculação precoce* e *coito interrompido*, a *masturbação* e o *estresse*. Em todos esses casos, o sintoma da neurose substitui "a ação específica omitida posteriormente à excitação sexual" (Freud, 1895b, p. 112), por isso na angústia aparecem sintomas que de alguma forma lembram o coito (falta de ar, aceleração dos batimentos etc.).

Nesse texto, Freud faz também uma distinção entre *afeto* e *neurose de angústia*. O afeto de angústia é provocado pela incapacidade da psique lidar com um estímulo ameaçador vindo de fora (perigo). Já a neurose de angústia é uma resposta a um estímulo interno com o qual não consegue lidar (o afeto passa, a neurose é crônica).

No capítulo "Relação com as outras neuroses", que também faz parte do texto *Sobre os fundamentos para destacar da neurastenia uma síndrome específica denominada neurose de angústia* (Freud, 1895b, p. 113-115), Freud tenta estabelecer um paralelo entre a neurose de angústia e as outras neuroses, observando que os sintomas de angústia costumam ocorrer juntamente com a neurastenia, a histeria, as obsessões e a melancolia. Um dos fatores parece desencadear os outros. A neurose de angústia teria em comum com a neurastenia o fato de a fonte de excitação residir no campo somático e não no psíquico, porém a angústia é devida a um *acúmulo* de excitação, enquanto a neurastenia é devida a um *empobrecimento* da excitação. Em relação à histeria há, em ambos os casos, um acúmulo de excitação, assim como uma insuficiência psíquica que provoca processos anormais e um desvio da mesma para o campo somático. A diferença é que, na angústia, a excitação é puramente somática, na histeria, é psíquica (provocada por um conflito). As duas, observa Freud, costumam combinar com regularidade.

Na "Carta n. 75" a Fliess (Freud, 1892-1899), Freud introduz um elemento importante para a compreensão da angústia: a repressão. Enquanto os textos anteriores se concentram sobre a questão econômica, esse texto introduz uma perspectiva dinâmica. No adulto, regiões como a boca e o ânus, que na infância causavam prazer, causam nojo. Se o prazer persiste, temos uma perversão. Na infância, a liberação da sexualidade não é tão localizada, ela ocorre de forma difusa, podendo interessar qualquer parte do corpo. Num estágio de desenvolvimento mais avançado, na fase adulta, a liberação da sexualidade ocorre mediante:

1. Estímulos periféricos sobre os órgãos sexuais;
2. Estímulos internos, que surgem dessas regiões;
3. Idéias (traços de memória de uma excitação dos órgãos sexuais que ocorreu na infância).

Essa excitação é *postergada*, pois remete a uma estimulação que ocorreu inicialmente na infância, tornando-se mais intensa daquela inicial. Isso pode ocorrer também conectando lembranças de excitações ligadas a zonas sexuais abandonadas (boca, ânus). Nesse caso, contudo, o resultado não é a liberação da libido, mas uma sensação de desprazer, semelhante à *repugnância*. Isso é o *recalque*. Algo que livre poderia levar à angústia, ou ligado à rejeição (estado afetivo ligado a processos intelectuais tais como moralidade e vergonha) provoca o recalque normal.[30] No caso das neuroses, Freud observa que, na infância, as experiências sexuais que afetam os genitais, nos homens, nunca provocam neurose, apenas compulsão masturbatória. Quando, porém, as experiências infantis remontam à excitação ligada à boca e ao ânus, o despertar da libido pode levar ao surgimento do recalque e da neurose. Dessa forma, a libido "não

---

30. Freud acena já nesse texto as teorias que serão retomadas mais tarde em *Três ensaios sobre a teoria da sexualidade* (FREUD, 1905), como o fato do desenvolvimento sexual do menino e da menina ser diferente e menciona o abandono do clitóris como fase de desenvolvimento que leva à repugnância sexual, até que seja despertada a zona vaginal.

consegue (...) passar à ação ou à tradução em termos psíquicos, mas é obrigada a deslocar-se numa direção *regressiva* (como acontece nos sonhos)" (Freud, 1892-1899, p. 321). Portanto, o que favorece o recalque e o surgimento do sintoma é a *repugnância*. Ao produzir-se o sintoma, não se produzem idéias orientadas para um objetivo (objeto). É importante a conclusão à qual Freud chega, pois, a partir desse momento, passa a diferenciar os fatores que causam a libido e aqueles que causam a angústia (Freud, 1892-1899, p. 321), introduzindo o conceito de recalque, embora admita a dificuldade de esclarecer o que transforma a necessidade em repugnância. Isso nos levará, como veremos a seguir, a uma mudança em sua maneira de conceber a angústia.

Segunda formulação

Em sua primeira formulação Freud concebe a angústia como uma deflexão automática da energia pulsional acumulada pelo bloqueio imposto à sua exteriorização. Esse conceito é reformulado no *Ego e no Id* (Freud, 1923), onde a angústia passa a ser considerada como uma reação do ego diante de um perigo. Essa concepção já tinha sido anunciada na *Conferência XXV* de 1917 (Freud, 1916-1917, p. 393-411), onde Freud conclui que a ansiedade é gerada por uma reação do ego ao perigo. Assim como a ansiedade realista surge diante de um perigo externo, nesse caso a ansiedade surge diante de um perigo interno, ou seja de uma exigência da libido percebida como "perigosa" e acaba resultando na formação de sintomas (Freud, 1916-1917, p. 405). Nesse sentido, a repressão corresponde a uma tentativa do ego de fugir da libido sentida como um perigo. Como podemos ver, já se estabelece uma ligação entre angústia, repressão e sintoma.

É contudo no ensaio *Inibições, sintomas e ansiedade* (1926) que Freud formula definitivamente o conceito de angústia sob um ponto de vista metapsicológico. O ego, na visão freudiana, é vinculado ao id. "O ego é (...) a parte organizada do id" (Freud, 1926, p. 100). Nisso consiste sua força e sua fragilidade. Força quando se alia ao id, fragilidade, quando se opõe a ele. Em sua função de mediador entre as instâncias vindas do id, do superego e da realidade externa, o ego, diante de um impulso do id, que poderia provocar um desprazer por ser conflitante com a realidade externa e/ou com as exigências do superego, emite um sinal, com o intuito de bloquear o processo interno em andamento. Esse *sinal* de desprazer, destinado a efetuar a repressão valendo-se do princípio de prazer, é a angústia. Dessa forma, a angústia fica ligada ao processo repressivo. Freud revê portanto a tese anterior em que a ansiedade era vista como um deslocamento da libido reprimida (Freud, 1926, p. 111).

No entanto, uma questão fica em aberto: a angústia precede, é concomitante ou é subseqüente à repressão? Como observa Mezan, Freud opta "pela precedência da angústia à repressão em todos os casos" (Mezan, 1998, p. 308) tanto na fase inicial, como naquela que segue à formação de sintomas (o sintoma, de fato, renova o conflito defensivo e o processo de repressão, pois remete a impulsos reprimidos). A angústia precede a repressão pois está ligada ao sinal de desprazer que possibilita a repressão. O aumento de carga energética excitatória necessária para gerar a sensação de desprazer é retirada do próprio investimento libidinal, seguindo uma trilha que "é a reprodução de alguma experiência que encerrava as condições necessárias para tal aumento de excitação" (Freud, 1926, p. 132). Freud faz remontar essas experiências arcaicas a várias situações, que vão da angústia provocada pelo trauma do nascimento, àquela provocada pela ausência do objeto amado (mãe) e pelo medo de sua perda, ao medo de castração, decorrente do Complexo de Édipo. A respeito do medo de castração, Freud observa que, "com a despersonalização do agente parental, (...) o perigo torna-se menos definido" e a ansiedade de castração se transforma em "ansiedade moral" (Freud, 1926, p. 138).

Em resumo, a angústia é um sinal de desprazer, ativado pelo Princípio de Prazer, diante de um aumento da carga excitatória, cuja função é inibir o investimento do desejo percebido como ameaçador pelo ego. Contudo, a repressão não mata o impulso. Com o recalque, a pulsão reprimida fica vagando pelos territórios do inconsciente, fora do alcance do ego, à procura de se satisfazer achando um caminho alternativo, o *sintoma*.

Na perspectiva da metapsicologia, a angústia adquire toda a sua complexidade. Ela não é apenas um deslocamento da libido, quando esta não consegue a satisfação pelo caminho desejado, mas um processo que, por estar relacionado com a repressão, se insere no âmago do psiquismo, na encruzilhada entre o ego, as forças do inconsciente, as instâncias do superego e aquelas do princípio de realidade. Na visão psicanalítica, o ser humano é um ser dividido entre forças que atuam e tensão dialética. De um lado, temos as poderosas forças do inconsciente que o impelem à procura da satisfação do desejo. Do outro, os limites impostos pela realidade externa e as normas culturais e morais internalizadas a partir do superego. De um lado, o fechamento narcísico e a agressividade; do outro, a necessidade de ser amado, que leva em direção ao outro e motiva as relações de objeto. Em última instância, poderíamos dizer que a angústia está de alguma forma ligada ao conflito entre pulsão de vida e pulsão de morte, embora Freud aluda a isso apenas de relance, dizendo que a angústia pode estar relacionada ao medo da morte, sem aprofundar ulteriormente o tema.[31] A questão será retomada por Melanie Klein que, a partir da pulsão de morte,

---

31. "A transformação final pela qual passa o medo do superego é (...) o medo da morte (ou medo pela vida), que é um medo do superego projetado nos poderes do destino" (FREUD, 1926, p. 138). Talvez Freud tenha preferido não insistir na pulsão de morte por estar incomodado nessa época pelas reações que a publicação da obra *Além do princípio do prazer* tinha causado.

desenvolverá sua teoria sobre a ansiedade esquizo-paranóide e a ansiedade depressiva. De qualquer forma, a partir dessas considerações, podemos dizer que, na perspectiva psicanalítica, a angústia representa um aspecto fundamental do psiquismo humano e não apenas uma situação psíquica contingente.

O conceito de cura em Freud: uma breve resenha

Cura: a evolução de um conceito

Depois de efetuar um mapeamento do funcionamento psíquico assim como o concebe Freud, ficou mais claro em que sentido, para a psicanálise, a doença psíquica pode ser feita remontar a um conflito entre diferentes instâncias psíquicas. Uma vez estabelecido *o que* a psicanálise pretende curar, queremos agora entender *em que sentido* a psicanálise cura. Antes de examinar o texto *Análise terminável e interminável* (Freud, 1937), que, como vimos, reflete o pensamento maduro de Freud sobre a questão, propomos uma revisão de alguns textos em busca das diferentes nuances que o conceito de cura (Heilung/Kur) adquire. O objetivo é acompanhar o pensamento freudiano em sua evolução. Os textos que contêm a palavra *cura* ou a palavra *terapia* são mais de 100. Abordaremos apenas alguns, nos quais o tema foi tratado de forma bastante específica. Para tornar mais didática a apresentação os textos serão classificados por período.

Textos de 1890 a 1899

Num primeiro momento, Freud parece bastante prudente sobre a possibilidade de cura.

"A histeria, como as neuroses, tem causas mais profundas; e são essas causas mais profundas que estabelecem limites, muitas vezes bem apreciáveis, ao sucesso de nosso tratamento" (Freud, 1893, p. 47).

Mais tarde, contudo, se demonstra mais confiante sobre as possibilidades terapêuticas de seu método.

"Enquanto, naquela época [cf. texto anterior], declaramos modestamente que só podíamos encarregar-nos de eliminar os sintomas da histeria, mas não de curar a histeria em si, essa distinção parece-me hoje sem substância, de modo que há uma perspectiva de cura genuína da histeria e das obsessões" (Freud, 1898, p. 267).

No entanto, a palavra cura, do ponto de vista da psicanálise, é usada num sentido peculiar, que, em *Psicoterapia da histeria*, Freud tenta esclarecer. Depois de mostrar que o material psíquico patogênico se apresenta na análise de três formas diferentes, numa *ordem cronológica inversa*, organizado em *camadas concêntricas*, que têm como núcleo[32] a organização patogênica e, finalmente, sob forma de *ramificações de representações convergentes*, Freud chega à conclusão que a "organização patogênica não se comporta como um corpo estranho, porém muito mais como um infiltrado" (Freud, 1893-1895, p. 303). Por causa disso, "o tratamento não consiste em extirpar algo — a psicoterapia até agora não é capaz de fazer isso — mas em fazer com que a resistência se dissolva e assim permitir que a circulação prossiga para uma região que até então estava isolada" (Freud, 1893-1895, p. 303).

---

32. Na realidade Freud acredita que não haja apenas um único sintoma e nem uma única idéia patogênica e sim "sucessões de traumas parciais e concatenações de cadeias patogênicas de idéias" (FREUD, 1893-1895, p. 300).

Retomando um comentário feito a um paciente, Freud esclarece ainda mais o sentido limitado, porém importante, que assume a palavra cura no contexto da psicanálise.

> "Sem dúvida o destino[33] acharia mais fácil do que eu aliviá-lo de sua doença. Mas você poderá convencer-se de que haverá muito a ganhar se conseguirmos transformar seu sofrimento histérico numa infelicidade comum. Com uma vida mental restituída à saúde, você estará mais bem armado contra essa infelicidade." (Freud, 1893-1895, p. 316)

O mesmo texto evidencia também as dificuldades que caracterizam o processo terapêutico e dá-nos uma idéia da técnica adotada na análise dos pacientes histéricos. Em primeiro lugar Freud esclarece que o "processo é laborioso e exige muito tempo do médico" (Freud, 1893-1895, p. 280). Além disso pressupõe por parte do analista "um interesse pessoal pelos pacientes", ou seja, sentimentos de solidariedade e de empatia, sem os quais qualquer tentativa de cura torna-se inútil. Quanto ao paciente, são necessários certo nível de inteligência[34] e, sobretudo, confiança em relação ao analista. Nesse sentido Freud aponta para três grandes obstáculos que podem surgir na relação terapêutica entre analista e paciente: desavenças; medo, por parte do paciente, de ficar dependente do analista; casos em que o paciente transfere alguma representação aflitiva para o analista (falsa ligação) (cf. Freud, 1893-1895, p. 313-315 e p. 99 nota).

---

33. Sobre o poder curador do destino Freud explica: "O destino muitas vezes cura as doenças através das grandes emoções de alegria, da satisfação das necessidades e da realização dos desejos, com as quais o médico, amiúde impotente fora de sua arte, não pode rivalizar" (FREUD, 1905b, p. 280).
34. "O processo não é de modo algum aplicável abaixo de certo nível de inteligência, sendo extremamente dificultado por qualquer vestígio de debilidade mental" (FREUD, 1893-1895, p. 280).

Nesse período, sob a influência das teorias de Charcot, Freud adere à hipnose. Embora seja uma adesão temporária, reflete um passo importante, pois são justamente os processos hipnóticos que ajudam Freud a questionar-se sobre o funcionamento psíquico e os conflitos que o afligem, fazendo com que se afaste do campo restrito da medicina. Em particular a atenção de Freud se concentra sobre os fenômenos histéricos. Já em 1888, ele constata que os sintomas da histeria sugerem um mecanismo psíquico (Freud, 1888, p. 117). Poucos anos depois, em *Um caso de cura pelo hipnotismo* começa a esboçar uma série de conceitos tentando descrever esse mecanismo (Freud, 1892-1893). Nesse texto, observa que as expectativas e as intenções do ser humano parecem esbarrar numa *contravontade*, demonstrando uma *dissociação da consciência*, gerada por *idéias antitéticas aflitivas* de caráter inconsciente (Freud, 1892-1893, p. 164). Essas idéias "realmente existem (...) e levam uma vida insuspeitada, numa espécie de reino das sombras, até emergirem como maus espíritos e assumirem o controle do corpo, que, geralmente, está sob as ordens da predominante consciência do ego" (Freud, 1892-1893, p. 169).

Sempre em *Psicoterapia da histeria*, Freud faz uma avaliação do poder terapêutico do método catártico por ele desenvolvido com Breuer. Em primeiro lugar, ele esclarece o caráter complexo das neuroses, cuja etiologia nem sempre remonta a uma única causa e chega a formular uma hipótese que representa um dos pontos mais polêmicos de sua teoria: "na medida em que se possa falar em causas determinantes que levam à *aquisição* da neurose, sua etiologia deve ser buscada em fatores *sexuais*" (Freud, 1893-1895, p. 273). É uma conclusão para a qual apontam os casos analisados precedentemente por Freud, mas sabemos que Breuer preferirá se distanciar dessas conclusões.

Freud também observa que raramente podemos falar de formas puras de histeria, freqüentemente a histeria se combina com a neurose de angústia e essa com fenômenos obsessivos.

Por essa razão, "as neuroses que comumente ocorrem devem ser classificadas, em sua maior parte, de *mistas*" (Freud, 1893-1895, p. 274). A complexidade etiológica das neuroses faz com que Freud questione a eficácia curativa do método catártico. O método, de fato, "não consegue afetar as causas subjacentes da histeria: assim, não consegue impedir que novos sintomas tomem o lugar daqueles que foram eliminados" (Freud, 1893-1895, p. 277). O método catártico portanto é eficaz do ponto de vista terapêutico, desde que assumamos tratar-se de um método sintomático e não causal.

Ao observar as dificuldades de aplicar a hipnose, pois nem todos os pacientes são hipnotizáveis e dispostos a ser hipnotizados,[35] Freud descreve o método terapêutico por ele introduzido com sucesso para substituir a hipnose, quando essa se mostra inviável. Trata-se de uma técnica que lembra a *associação livre*, hoje amplamente usada no contexto analítico. Depois de descrever a primeira conversa em que perguntava ao paciente se lembrava de algo relacionado ao sintoma, Freud frisa a *insistência* com a qual "lhes assegurava que eles efetivamente sabiam" (Freud, 1893-1895, p. 283). Geralmente, a convicção do terapeuta na possibilidade de o paciente ter acesso a essas lembranças fazia com que alguma lembrança começasse a aparecer. Freud então pedia aos pacientes "que se deitassem e fechassem deliberadamente os olhos a fim de se 'concentrarem'" (Freud, 1893-1895, p. 283). O resultado era o surgimento de "novas lembranças, que recuavam ainda mais no passado" (Freud, 1893-1895, p. 283) e que provavelmente se relacionavam com o sintoma.

Nessa fase, contudo, ele ainda emprega um recurso sugestivo que sucessivamente desaparecerá. Trata-se de uma leve pressão com as mãos na cabeça do paciente, para induzi-lo a

---

35. Por outro lado, ao descrever o caso da Srta. Lucy, Freud já admitira não ser um hipnotizador tão experiente como Bernheim (FREUD, 1893-1895, p. 135 e também p. 297).

lembrar da representação patogênica aparentemente esquecida. Freud considera necessário este recurso para vencer a resistência do paciente a trazer para a consciência as lembranças patogênicas. Ao se deparar com o fenômeno da resistência, Freud chega à conclusão que a mesma força que causa a resistência do paciente à análise é a que causou na época a defesa necessária para forçar para fora da consciência e da memória uma representação aflitiva. "O não saber do paciente histérico seria, de fato, um 'não querer saber'" (Freud, 1893-1895, p. 284). É interessante reportar um parágrafo que descreve detalhadamente o processo analítico usado nessa fase e seu objetivo terapêutico.

"Em toda análise mais ou menos complicada, o trabalho é efetuado pelo uso repetido, na verdade contínuo, desse método de pressão sobre a testa. Algumas vezes, partindo de onde a retrospectiva de vigília do paciente se interrompe, esse procedimento aponta o outro caminho a seguir através das lembranças das quais o paciente permaneceu consciente; por vezes, chama a atenção para ligações que foram esquecidas, noutras, evoca e organiza lembranças que foram retiradas das associações por muitos anos, mas que ainda podem ser reconhecidas como lembranças; e, às vezes, por fim, como auge de sua realização em termos de pensamento reprodutivo, ele faz com que emerjam pensamentos que o paciente jamais reconhece como seus, dos quais nunca se *recorda*, embora admita que o contexto os exige inexoravelmente e se convença de que são precisamente essas idéias que levam à conclusão da análise e à eliminação de seus sintomas" (Freud, 1893-1895, p. 286-287).

Textos de 1900 a 1922

No texto de 1905, *Tratamento psíquico (ou anímico)*, Freud esclarece em que consiste o processo terapêutico da psicanálise, frisando que não se trata de um tratamento *da* alma e sim de um tratamento que *parte da* alma (Freud, 1893-1895, p. 280).

> "'Psyche' é uma palavra grega e se concebe, na tradução alemã, como alma. Tratamento psíquico significa, portanto, tratamento anímico. Assim, poder-se-ia pensar que o significado subjacente é: tratamento dos fenômenos patológicos da vida anímica. Mas não é este o sentido dessas palavras. 'Tratamento psíquico" quer dizer, antes, tratamento que parte da alma, tratamento — seja de perturbações anímicas ou físicas — por meios que atuam, em primeiro lugar e de maneira direta, sobre o que é anímico no ser humano. Um desses meios é sobretudo a palavra, e as palavras são também a ferramenta essencial do tratamento anímico" (Freud, 1905b, p. 271).

Após frisar o valor curativo da palavra, no mesmo texto, Freud acrescenta que o tratamento psíquico reflete "o esforço de provocar no doente os estados e condições anímicos mais propícios para a cura" (Freud, 1905b, p. 279). Mas quais seriam esses estados e condições propícios à cura?

Como vimos, Freud está à procura de um método terapêutico capaz de curar não apenas os sintomas, mas também as causas das neuroses. Isso leva gradativamente ao abandono da sugestão hipnótica, cuja eficácia considera insuficiente, como ele mesmo explica.

> "Se abandonei tão cedo a técnica da sugestão, e com ela, a hipnose, foi porque não tinha esperança de tornar a sugestão tão forte e sólida quanto seria necessário para obter a cura permanente. Em todos os casos graves, vi a sugestão introduzida voltar a desmoronar, e então reaparecia a doença ou um substituto dela. Além disso, censuro essa técnica por ocultar de nós o entendimento do jogo de forças psíquico; ela não nos permite, por exemplo, identificar a *resistência*

com que os doentes se aferram a sua doença, chegando em função disso a lutar contra sua própria recuperação; e é somente a resistência que nos possibilita compreender seu comportamento na vida" (Freud, 1904, p. 247).

Através do *poder curativo da palavra*, o método, desenvolvido por Freud e por Breuer, permite uma rememoração que leva à análise dos mecanismos psíquicos que atuam no inconsciente. Esses mecanismos são descritos por Freud na célebre obra *A interpretação dos sonhos* (Freud, 1900), onde ele mapeia o funcionamento psíquico e os sistemas que o compõem. A assim chamada *primeira tópica,* como vimos, descreve o percurso do desejo da percepção consciente (Pct) à formação dos traços mnêmicos no inconsciente (Ics), que tentam abrir caminho para a consciência (Cs), através da organização defensiva que caracteriza os processos secundários no pré-consciente (Pcs). No texto a seguir, Freud retoma a experiência desenvolvida com Breuer, mostrando como a cura do sintoma ocorre ao trazer à consciência aquilo que estava inconsciente.

"O processo que o autor faz Zoe adotar na cura do delírio do seu companheiro de infância mostra, mais do que uma grande semelhança, uma total conformidade em sua essência com o método terapêutico que o Dr. Josef Breuer e eu introduzimos na medicina em 1895, e a cujo aperfeiçoamento desde então me tenho dedicado. Esse método de tratamento, a que inicialmente Breuer chamou de 'catártico', mas que prefiro denominar de 'psicanalítico', consiste, aplicado a pacientes que sofrem de perturbações semelhantes ao delírio de Hanold, em lhes fazer chegar à consciência, até certo ponto forçadamente, o inconsciente cuja repressão provocou a enfermidade – exatamente como Gradiva fez com as lembranças reprimidas da amizade de infância que a unira a Hanold" (Freud, 1907, p. 81).

Referindo-se à técnica terapêutica desenvolvida com Breuer, Freud a descreve usando as palavras de uma paciente (Anna O.).

"A própria paciente, que nesse período da moléstia só falava e entendia inglês, deu a esse novo gênero de tratamento o nome de 'talking cure' (cura de conversação) qualificando-o também, por gracejo, de 'chimney sweeping' (limpeza da chaminé). Verificou-se logo, como por acaso, que, limpando-se a mente por esse modo, era possível conseguir alguma coisa mais que o afastamento passageiro das repetidas perturbações psíquicas. Pode-se também fazer desaparecer sintomas quando, na hipnose, a doente *recordava* [grifo nosso], com exteriorização afetiva, a ocasião e o motivo do aparecimento desses sintomas pela primeira vez" (Freud, 1910, p. 30).[36]

O método terapêutico de Freud, nessa fase de desenvolvimento de sua clínica, consiste portanto em identificar a causa do sintoma (que não é necessariamente a causa mais profunda da neurose). Uma vez verbalizada a causa, o sintoma, automaticamente tende a desaparecer. Vale contudo a pena frisar que a re-memorização somente é terapêutica se carregada de *exteriorização afetiva*; a mobilização das emoções é descrita aqui como a chave terapêutica que garante a cura.

"Além disso, o sintoma (...) atingia a máxima intensidade quando durante o tratamento ia-se chegando à sua causa, para desaparecer completamente quando esta se aclarava inteiramente. Por outro lado, pode-se verificar que era inútil recordar a cena diante do médico se, por qualquer razão, isto se dava sem exteriorização apaixonada. Era pois a sorte dessas emoções, que podemos imaginar como grandezas variáveis o que

---

36. Cf. também o caso clínico da Srta. Anna O. (FREUD, 1893-1895, p. 65).

regulava tanto a doença como a cura. Tinha-se de admitir que a doença se instalava porque a emoção desenvolvida nas situações patogênicas não podia ter exteriorização normal; e que a essência da moléstia consistia na atual utilização anormal das emoções 'enlatadas'" (Freud, 1910, p. 34).[37]

Nas *Conferências Introdutórias à psicanálise* (XXVII e XXVIII), Freud retoma o tema da cura e traz alguns esclarecimentos interessantes. Na *Conferência XXVIII*, são abordados alguns obstáculos ao processo terapêutico, que frisam a dificuldade em penetrar os mecanismos psíquicos do desejo. Percebemos que aqui a preocupação da cura já não se focaliza no sintoma e envereda definitivamente para o que poderíamos definir como a cura do desejo, que está na raiz da neurose.

"As forças contra as quais estivemos lutando durante nosso trabalho de terapia são, por um lado, a aversão do ego a determinadas inclinações da libido — uma aversão expressa na tendência à repressão — e, por outro lado, a tenacidade ou adesividade da libido, à qual desagrada abandonar objetos que ela uma vez catexizou" (Freud, 1916-1917, p. 455).

No decorrer de sua experiência clínica, Freud descobre outro elemento terapêutico fundamental: a *transferência*. Trata-se de uma relação peculiar que se estabelece entre o paciente e o analista. A *Conferência XXVII* descreve esse processo: "A transferência pode aparecer como uma apaixonada exigência de amor, ou sob formas mais moderadas; em lugar de um desejo de ser amada, uma jovem (a paciente) pode deixar emergir um desejo, em relação a um homem idoso (o analista), de ser

---

37. Cf. também um texto anterior: no qual Freud afirma que "o paciente só se libera do sintoma histérico ao reproduzir as impressões patogênicas que o causaram e ao verbalizá-las com uma expressão de afeto" (FREUD, 1893-1895, p. 296).

recebida como filha predileta; o desejo libidinal pode estar atenuado num propósito de amizade inseparável, mas idealmente não-sensual" (Freud, 1916-1917, p. 443). Nos pacientes masculinos existe "a mesma vinculação ao médico, a mesma supervalorização das qualidades deste, a mesma absorção dos seus interesses, o mesmo ciúme de qualquer pessoa mais chegada a ele na vida real" (Freud, 1916-1917, p. 444). Nesse caso, a transferência continua existindo, embora normalmente isto aconteça de forma mais sublimada. No mesmo texto, Freud explica que a transferência pode adquirir uma conotação contrária. Trata-se da transferência negativa, que se traduz em ódio pelo terapeuta. A evolução positiva do processo terapêutico dependerá em boa parte de como o analista lida com a transferência.

> "Superamos a transferência mostrando ao paciente que seus sentimentos não se originam da situação atual e não se aplicam à pessoa do médico, mas sim que eles estão repetindo algo que lhe aconteceu anteriormente. Desse modo, obrigamo-lo a transformar a repetição em lembrança. Por esse meio, a transferência que, amorosa ou hostil, parecia de qualquer modo constituir a maior ameaça ao tratamento, torna-se seu melhor instrumento, com cujo auxílio os mais secretos compartimentos da vida mental podem ser abertos" (Freud, 1916-1917, p. 444-445).

Na *Conferência XXVIII*, o tema é retomado numa perspectiva mais metapsicológica.

> "(...) nosso trabalho terapêutico incide em duas fases. Na primeira, toda a libido é retirada dos sintomas e colocada na transferência, sendo aí concentrada; na segunda, trava-se a luta por esse novo objeto e a libido é liberada dele. A modificação decisiva para um resultado favorável é a eliminação da repressão nesse conflito reconstituído, de modo que

a libido não possa ser retirada do ego, novamente, pela fuga para o inconsciente" (Freud, 1916-1917, p. 455).

O mesmo processo terapêutico, baseado na transferência, é descrito na Conferência XXVII. Aqui, Freud mostra ainda um fundamental otimismo quanto à possibilidade de sucesso da terapia psicanalítica.

> "Todos os sintomas do paciente abandonam seu significado original e assumem um novo sentido que se refere à transferência; ou apenas tais sintomas persistem, por serem capazes de sofrer essa transformação. Mas dominar essa neurose nova, artificial, equivale a eliminar a doença inicialmente trazida ao tratamento – equivale a realizar nossa tarefa terapêutica" (Freud, 1916-1917, p. 445).

Contudo, esse otimismo é logo matizado, pois o analista enfrenta resistências nesse trabalho. As mesmas defesas que o ego usou para efetuar o recalque operam no processo terapêutico, pondo obstáculos ao deslocamento da libido. Nesse sentido, Freud observa que o eventual fracasso da terapia poderá ser determinado "pela falta de mobilidade da libido, que pode recusar-se a abandonar seus objetos, e pela rigidez do narcisismo, a qual não permitirá que a transferência para os objetos aumente além de determinados limites" (Freud, 1916-1917, p. 456). Freud voltará, no artigo *Análise terminável e interminável,* a frisar a importância desse fator, ligado ao instinto de morte, identificando nele uma das principais causas do fracasso da análise.

Vale a pena observar que é justamente a partir da importância da transferência no processo de cura psicanalítica que Freud considera impossível que o paciente psicótico seja curado, pois não acredita que ele tenha condições de estabelecer um vínculo transferencial suficientemente eficaz com o analista (cf. Freud,

1916-1917, p. 447-448). Desenvolvimentos sucessivos da psicanálise mostrarão contudo que essa teoria é questionável.

Na *Conferência XXVIII*, Freud menciona ainda dois aspectos fundamentais para o bom andamento do processo terapêutico, a *interpretação* e a *sublimação*.

> "Mediante o trabalho da interpretação, que transforma o que é inconsciente em consciente, o ego se amplia à custa desse inconsciente; por meio do conhecimento, ele se torna conciliador para com a libido e disposto a conceder-lhe alguma satisfação, e sua recusa às exigências da libido diminui mediante a possibilidade de derivar uma parte da mesma através da sublimação" (Freud, 1916-1917, p. 455-456).

No mesmo texto, Freud acena ao fato de considerar incuráveis, pelo método psicanalítico, a paranóia e a demência precoce em suas formas mais agudas. Menciona também a importância dos fatores externos que podem prejudicar o tratamento.

> "Nos tratamentos psicanalíticos, a intervenção dos parentes é perigo real e um perigo que não se sabe como enfrentar. (...) Nenhum tipo de explicação produz qualquer impressão nos parentes do paciente; eles não podem ser induzidos a manter-se à distância de todo o assunto, e não se pode fazer causa comum com eles, devido ao risco de perder a confiança do paciente, o qual — com toda razão, naturalmente — espera que a pessoa em quem depositou toda a sua confiança, fique do seu lado. (...) Nesse caso, não nos podemos acusar, se nossos esforços não obtêm êxito e o tratamento é interrompido prematuramente, (...)" (Freud, 1916-1917, p. 459).

Finalmente, vale a pena citar uma ressalva feita na *Conferência XXVII*, que diz respeito ao método terapêutico e que ajuda a entender em que sentido a análise opera.

"(...) posso assegurar-lhes que estão mal informados se supõem que o conselho e a orientação nos assuntos da vida façam parte integral da influência analítica. Pelo contrário, na medida do possível (...) tudo o que procuramos levar a efeito é, de preferência, que o paciente venha a tomar as decisões por si mesmo. Também com vistas a esse propósito, exigimos do paciente que adie para o término de seu tratamento quaisquer decisões relativas à escolha de uma profissão, encargos de negócios, casamento ou divórcio, e que só as ponha em prática quando o tratamento estiver terminado" (Freud, 1916-1917, p. 435).

Estamos portanto longe de uma dependência total do analista, por parte do paciente, como parecem sugerir algumas visões estereotipadas da psicanálise e, talvez, a prática desavisada de alguns analistas. A cura psicanalítica visa, em última análise, que a pessoa seja capaz de tomar suas decisões por conta própria.

Outro aspecto frisado por Freud é que o objetivo terapêutico da psicanálise não tem necessariamente um compromisso com a virtude em sentido moral. Trata-se de uma questão polêmica, pois, ao tomar essa posição, Freud exclui que a cura passe necessariamente por uma adaptação da pessoa aos padrões morais e culturais vigentes. O texto freudiano é bastante claro nesse sentido. A função da análise é habituar o paciente a "emitir pareceres isentos de preconceitos, tanto sobre assuntos sexuais como sobre outros assuntos; e se, havendo-se tornado independentes após completado o tratamento, os pacientes, mediante seu próprio julgamento, decidem por alguma posição intermediária entre viver uma vida livre e uma vida de absoluto ascetismo, sentimos nossa consciência tranqüila, seja qual for sua escolha" (Freud, 1916-1917, p. 436).

Se a solução terapêutica da psicanálise não tem um compromisso com nenhum tipo de moralidade definida, podemos dizer que a psicanálise é amoral? Freud aponta para um tipo de moralidade intrínseca ao ser humano, que é baseada na honestidade de suas escolhas, numa perspectiva que lembra os conceitos da ética kantiana, excluindo portanto a dependência absoluta de uma norma ética extrínseca.

> "Dizemos a nós próprios que todo aquele que conseguiu educar-se de modo a se conduzir de acordo com a verdade referente a si mesmo, está permanentemente protegido contra o perigo da imoralidade, conquanto seus padrões de moralidade possam diferir, em determinados aspectos, daqueles vigentes na sociedade" (Freud, 1916-1917, p. 436).

A afirmação de Freud abre uma série de questões que, embora importantes, fogem ao objetivo do nosso livro. O que aqui importa é observar que a cura proposta pela psicanálise não tem necessariamente como objetivo restabelecer a "normalidade", no sentido de adequação ao *status quo* dominante em termos culturais e éticos.

Freud se pergunta ainda se a análise pode ser chamada de *terapia causal*, no sentido que seu objetivo não seria remover os sintomas e sim buscar as causas que os determinam. Percebe-se que, aos poucos, Freud está abrindo-se para uma nova perspectiva, abandonando a visão médica voltada para a remoção do sintoma que dominava os primeiros anos de sua clínica. O próprio Freud admite que isso pode levar-nos a uma simplificação indevida, como se a análise conseguisse curar as causas dos sintomas. Ele esclarece: "Com nossa terapia psíquica, atacamos em conjunto diferentes pontos — não exatamente os pontos que sabemos serem as raízes dos fenômenos, mas, ainda assim, bem distantes dos sintomas; os pontos que se nos tornaram acessíveis" (Freud, 1916-1917, p. 438).

O caminho não é apenas tornar consciente o que é inconsciente, *informando* o paciente sobre seus mecanismos inconscientes. O poder terapêutico dessa informação é quase nulo. O avanço do processo terapêutico é aqui descrito de forma resumida, mostrando como o analista deve lidar com o material inconsciente do paciente, num manejo cuidadoso da *interpretação* e lidando de forma adequada com a *resistência*.

> "Devemos de preferência, situar esse material inconsciente topograficamente, devemos procurar, em sua memória (do paciente), o lugar em que se tornou inconsciente devido a uma repressão. A repressão deve ser eliminada – e a seguir pode efetuar-se desimpedidamente a substituição do material consciente pelo inconsciente. (...) A essa altura, nossa tarefa entra numa segunda fase. Primeiro, a busca da repressão e, depois, a remoção da resistência que mantém a repressão. Como removemos a resistência? Da mesma forma: descobrindo-a e mostrando-a ao paciente. Na realidade, também a resistência deriva de uma repressão – da mesma repressão que nos esforçamos por solucionar, ou de uma repressão que se realizou anteriormente. Foi provocada pela anticatexia, que surgiu a fim de reprimir o impulso censurável. Assim, fazemos o mesmo que tentamos fazer inicialmente: interpretar, descobrir, comunicar; mas, então, estamos fazendo-o no lugar certo. A anticatexia ou a resistência não fazem parte do inconsciente, e sim do ego, que é nosso colaborador, sendo-o, ainda que não consciente" (Freud, 1916-1917, p. 438).

Gostaríamos de concluir a análise desse período, ressaltando mais uma vez como Freud, na *Conferência XXVIII*, apesar das dificuldades que levanta a respeito da análise e de suas restrições, ainda acredita em sua eficácia terapêutica permanente e em seu valor profilático. Dois textos são bastante claros a esse respeito; o próprio Strachey os menciona em sua introdução ao texto *Análise terminável e interminável* (Freud, 1937, p. 227).

> "Uma pessoa que se tornou normal e livre da operação dos impulsos instintuais reprimidos em sua relação com o médico permanecerá assim em sua própria vida, depois de o médico mais uma vez haver-se retirado dela" (Freud, 1916-1917, p. 445).

No segundo texto, referindo-se aos efeitos do tratamento psicanalítico, Freud observa:

> "Um tratamento analítico exige, tanto do médico como do paciente, a realização de um trabalho sério, que é empregado para levantar resistências internas. Mediante a superação dessas resistências, a vida mental do paciente é permanentemente modificada, elevada a um nível mais alto de desenvolvimento, ficando protegida contra novas possibilidades de cair doente. Esse trabalho de superar as resistências constitui a função essencial do tratamento analítico; o paciente tem de realizá-lo e o médico lhe possibilita fazê-lo com a ajuda da sugestão, operando em um sentido *educativo*" (Freud, 1916-1917, p. 452)

Textos de 1923 a 1938

Mas, afinal, Freud continua acreditando no poder terapêutico da análise? Depois de anos de prática clínica, baseado não apenas em suas experiências, mas também naquelas dos seguidores de seu método, ele declara nunca ter sido um terapeuta muito entusiasta e comenta: "A psicanálise é realmente um método terapêutico como os demais. Tem seus triunfos e suas derrotas, suas dificuldades, suas limitações, suas indicações" (Freud, 1933, p. 150). Mas logo acrescenta: "Comparada com outros procedimentos psicoterapêuticos, a psicanálise é, fora de dúvida, o mais eficiente" (Freud, 1933, p. 150-151), inclusive por ser o método mais laborioso e demorado.

Mais uma vez, Freud, ainda na *Conferência XXXIV*, aponta numerosas limitações ao trabalho, devidas a diferentes fatores, entre eles os fatores constitucionais.

> "A expectativa de que todo fenômeno neurótico possa ser curado, pode ser, conforme suspeito, derivada da crença do leigo de que as neuroses são algo muito desnecessário, que não têm qualquer razão de existir. E, no entanto, elas são, com efeito, doenças graves, fixadas na constituição, que raramente se limitam apenas a alguns ataques, mas persistem geralmente por longos períodos, ou por toda a vida" (Freud, 1933, p. 151).

A seguir Freud menciona mais uma vez a "radical inacessibilidade das psicoses ao tratamento analítico" (Freud, 1933, p. 151),[38] além de outros fatores que impedem a eficácia terapêutica da psicanálise, em particular aqueles relacionados à rigidez dos mecanismos psíquicos e ao narcisismo exasperado. O problema é que, ao entrar no processo analítico, o "paciente traz consigo aspectos doentios indefinidos e gerais que não comportam um diagnóstico conclusivo" e somente "depois desse período de prova, pode acontecer que o caso se revele inviável" (Freud, 1933, p. 153).

Quanto ao fato de o tratamento psicanalítico ser demorado, Freud lembra que as modificações psíquicas ocorrem lentamente, levando às vezes anos. Isso faz também com que uma análise possa ser retomada e que, em certos casos, dure uma vida inteira (cf. Freud, 1933, p. 153).

A conclusão da *Conferência XXXIV* é interessante:

> "(...) a psicanálise começou como um método de tratamento;

---

38. Como vimos, a mesma tese é defendida também na Conferência XXVII. (FREUD, 1916-1917).

mas não quis recomendá-lo (...) como método de tratamento e sim por causa das verdades que ela contém, por causa das informações que nos dá a respeito daquilo que mais interessa aos seres humanos — sua própria natureza — e por causa das conexões que ela desvenda entre as mais diversas atividades" (Freud, 1933, p. 154).

Como vimos, o desejo de cura percorre os escritos de Freud, às vezes abertamente declarado, às vezes não. Contudo, depois de muitos anos de experiência clínica, esse desejo parece de certa forma frustrado. Freud volta-se, então, talvez de forma compensatória, para a riqueza e a importância dos achados que a psicanálise descobriu, escavando nas profundezas da alma humana, num trabalho muito parecido àquele da arqueologia que, aliás, era uma de suas paixões.

Para concluir, um texto resume bastante bem o processo terapêutico da análise e sua função de re-equilibrar os conflitos intrapsíquicos. Freud lembra que a função do ego é mediar as exigências postas pelas três instâncias psíquicas mapeadas na segunda tópica: o id, o superego e o princípio de realidade, preservando, contudo, sua autonomia e sua organização interna. Portanto, o estado patológico tem sua origem em um enfraquecimento do ego, que rende impossível a realização de sua tarefa.

"Nosso plano de cura baseia-se nessas descobertas. O ego acha-se enfraquecido pelo conflito interno e temos de ir em seu auxílio. (...) O médico analista e o ego enfraquecido do paciente, baseando-se no mundo externo real, têm de reunir-se num partido contra os inimigos, as exigências instintivas do id e as exigências conscienciosas do superego. Fazemos um pacto um com o outro. O ego enfermo nos promete a mais completa sinceridade – isto é, promete colocar à nossa disposição todo o material que sua autopercepção lhe fornece; garantimos ao paciente a mais estrita discrição e colocamos a seu serviço a nossa experiência em interpretar material influenciado pelo inconsciente" (Freud, 1940, p. 188).

Em poucas palavras, é nisso que se resume o processo analítico de cura, mediado pela presença do analista: fazer com que o paciente entre em contato emocional com seus conteúdos pulsionais inconscientes e com as cobranças, também inconscientes, do superego e que aprenda a lidar com eles da melhor forma possível. Para usar as próprias palavras de Freud, o resultado do processo psicanalítico é "fortalecer o ego, ampliar seu campo de percepção e aumentar sua organização, de maneira a que possa apropriar-se de novas partes do id. Onde era o id, ficará o ego" (Freud, 1933, p. 80).

Análise sem fim?

Considerações preliminares

Como observa Strachey na "Nota do editor inglês", o texto *Análise terminável e interminável* é um dos últimos escritos estritamente psicanalíticos de Freud. A primeira impressão que causa a leitura desse artigo é um certo pessimismo, mas isto não surpreende, pois, como denotam os textos anteriormente examinados, Freud sempre foi bastante prudente em relação à eficácia terapêutica da análise. Na realidade, os pontos que o artigo aponta como problemáticos para o bom desfecho da análise já foram anteriormente identificados como fatores críticos no processo analítico e não apresentam portanto grandes novidades. Como sustenta Strachey, podemos dizer que se trata apenas de uma questão de ênfase.

Três questões percorrem o artigo: a duração da análise e os critérios para o seu fim; a identificação dos pontos críticos que afetam o processo terapêutico e a questão do poder profilático da psicanálise. Strachey aponta este último tópico como o ponto mais novo trazido pelo texto. Concentraremos nossa análise nessas três direções.

Duração da análise e critérios para o seu fim

Uma primeira questão que Freud aborda continua sendo bastante crítica para a Psicanálise. Seria possível encurtar o processo terapêutico da análise? Essa questão, adquire nos dias de hoje uma importância muito grande. Como observa Harvey (1992), o que caracteriza a cultura pós-moderna é uma compressão da noção de tempo-espaço; para o homem contemporâneo, em poucas décadas, o tempo se encurtou e o espaço se estreitou. A globalização colocou o que estava longe ao nosso alcance e as novas tecnologias permitem fazer rapidamente o que antes levava tempo. As conseqüências psíquicas são importantes, pois o homem moderno é invadido pela sensação de que tudo é volátil, efêmero e, pior ainda, descartável. Empenhar-se num processo terapêutico que exige constância e cuja duração não é previamente definida, hoje não é fácil. A tendência é procurar soluções que apresentem resultados em curto prazo e, preferivelmente, sem grande esforço pessoal.

Evidentemente, a psicanálise dificilmente poderá competir com as terapias breves e com as promessas das pílulas da felicidade, contudo, seria possível abreviar o processo psicanalítico e tornar a Psicanálise algo mais próximo da idiossincrasia do homem contemporâneo? Freud cita a tentativa do seu discípulo Otto Rank. Este, ao identificar a fonte da neurose no ato do nascimento, percebido como "repressão primeva", considerava alguns meses de análise serem suficientes para lidar com esse trauma inicial. Freud observa que a tese, embora sugestiva, não resiste à crítica da prática clínica e acha que o argumento de Rank foi engenhosamente "projetado para adaptar o ritmo da terapia analítica à pressa da vida americana" (Freud, 1937, p. 231).

Contudo, ele admite ter procurado encontrar um modo de acelerar o tratamento analítico e cita o caso clínico envolvendo um jovem russo. No curso de poucos anos Freud conseguira devolver ao paciente "grande parte de sua independência, despertar seu interesse pela vida e ajustar suas relações com as pessoas que mais lhe eram importantes" (Freud, 1937, p. 232). Contudo, esse sucesso parcial gerou um impasse na análise, pois o paciente não demonstrava interesse em dar qualquer passo à frente, que permitisse aprofundar as raízes de sua neurose. Para resolver o problema, Freud decidiu fixar um limite de tempo para a análise e informou ao paciente que se aproximava o fim do seu tratamento, independentemente dos avanços que ocorressem no período de tempo que restava. A mudança esperada ocorreu e, nos últimos meses de tratamento, as resistências do paciente se enfraqueceram tornando possível "reproduzir todas as lembranças e descobrir todas as conexões que pareciam necessárias para compreender sua neurose primitiva e dominar a atual" (Freud, 1937, p. 232). O próprio Freud esclarece contudo que a "cura" não foi total. A análise teve de ser retomada anos depois, para "dominar uma parte da transferência que não fora resolvida" (Freud, 1937, p. 233) e, mais tarde, em outras ocasiões esporádicas, nas quais o paciente precisou recorrer aos cuidados de outra psicanalista (aluna de Freud).

Freud admite ter usado esse recurso também com outros pacientes, mas parece estar convencido que os resultados nunca foram plenamente satisfatórios. O método, de fato, poderia ser eficaz desde que o analista acertasse o tempo necessário para terminar a análise, caso contrário "embora uma parte do material se torne acessível sob a pressão da ameaça (do fim da análise), outra parte será retida e, assim, ficará sepultada (...), pois, uma vez que o analista tenha fixado o limite de tempo, não pode ampliá-lo; de outro modo, o paciente perderia toda a fé nele" (Freud, 1937, p. 233).

Pela forma como é abordada a questão, percebemos que Freud, na realidade, nunca desenvolveu uma técnica especificamente voltada para abreviar a análise, apenas predeterminou o fim da análise para superar as resistências do paciente, considerando esse procedimento como um "artifício técnico compulsório" (Freud, 1937, p. 234), ao qual o analista pode eventualmente recorrer, se o julgar necessário, correndo os riscos que isso implica. Sobre a abreviação da análise sua conclusão é bastante clara: "se quisermos atender às exigências mais rigorosas feitas à terapia analítica, nossa estrada não nos conduzirá a um abreviamento de sua duração, nem passa por ele" (Freud, 1937, p. 239).

A questão da duração da análise leva Freud a formular duas perguntas, ainda mais importantes e diretamente ligadas ao nosso tema. Podemos falar em término da análise, no sentido de que houve uma "cura"? Em que consiste o fim de uma análise? Do ponto de vista prático, Freud observa que podemos falar em término da análise quando os sintomas que trouxeram o paciente para o consultório desaparecem e ele demonstra ter superado suas ansiedades e inibições. A análise está acabada quando o analista percebe que, vencidas as resistências, foi possível trazer à consciência o material inconsciente reprimido, num grau suficiente para garantir que não haja mais repetição do processo patológico. Se isso não acontece devemos falar em análise inacabada, mesmo que tenham desaparecido os sintomas e sejam superadas as queixas iniciais do paciente.

Do ponto de vista teórico, no entanto, uma análise estaria terminada no momento em que o paciente demonstrasse uma normalidade psíquica absoluta, em condições de permanecer estável. Freud se pergunta em que condições isso seria possível e quais seriam os fatores que determinam o sucesso ou o fracasso de uma análise. Sua colocação é enfática: "em vez de indagar como se dá uma cura pela análise (...),[39] se deveria

---

39. Uma questão esta que ele acredita ter sido suficientemente tratada.

perguntar quais são os obstáculos que se colocam no caminho de tal cura" (Freud, 1937, p. 237). Vamos portanto seguir sua sugestão, acompanhando o desenvolvimento de seu pensamento.

Fatores críticos para o sucesso da terapia psicanalítica

Freud aponta três fatores críticos para o sucesso da análise:

1. a influência dos traumas;
2. a força constitucional dos instintos (em particular do instinto de morte);
3. as alterações sofridas pelo ego.

Veremos mais adiante que, na realidade, existe um quarto elemento, ligado à maneira como o paciente lidou com o complexo de Édipo. Dedicaremos portanto a esse elemento uma atenção especial.

1. A etiologia traumática

No que diz respeito ao primeiro fator, Freud afirma: "Somente quando um caso é predominantemente traumático é que a análise alcançará sucesso" (Freud, 1937, p. 236), pois suas chances de conseguir um fortalecimento do ego são maiores. Por outro lado, a "força constitucional do instinto e uma alteração desfavorável do ego, adquirida em sua luta defensiva, no sentido de ele ser deslocado e restringido são fatores prejudiciais à eficácia da análise e (...) podem tornar interminável sua duração" (Freud, 1937, p. 236). Freud aliás desconfia que o segundo fator seja o determinante do terceiro e, provavelmente por essa razão, a seguir focaliza nele suas atenções.

2. A força relativa dos instintos

Antes de prosseguir, gostaria de frisar um aspecto que, como veremos, representa o eixo central das reflexões que se seguem. Trata-se da questão econômica que rege o psiquismo. É sintomático, aliás, que uma das últimas obras de Freud retome um tema que representa uma chave de leitura fundamental de uma de suas primeiras obras, o *Projeto para uma psicologia científica* (Freud, 1895a). Freud admite abertamente que seus "conceitos teóricos negligenciaram dar à linha *econômica* de abordagem a mesma importância que concederam às linhas *dinâmica* e *topográfica*" (Freud, 1937, p. 242). Nessa perspectiva, a força constitucional, e portanto herdada, da pulsão se torna o fator crítico para que a análise tenha ou não sucesso. De fato "as repressões dependem absoluta e inteiramente do poder relativo das forças envolvidas" (Freud, 1937, p. 243). O objetivo da análise é capacitar o ego a empreender um processo de elaboração que envolve a revisão das antigas repressões. Algumas são mantidas, a partir de uma estruturação do ego mais sólida, ao passo que outras são removidas. O sucesso da análise depende portanto da possibilidade de efetuar uma "correção do processo original de repressão, correção que põe fim à dominância do fator quantitativo" (Freud, 1937, p. 243).

Infelizmente, o sucesso não é garantido. A experiência clínica mostra existir certa variabilidade quanto aos efeitos da análise. O esforço de substituir antigas repressões por controles mais integrados no ego nem sempre é bem-sucedido. Isso porque "a análise *às vezes* tem êxito em eliminar a influência de um aumento no instinto, mas não invariavelmente" (Freud, 1937, p. 243). Quando a força da pulsão é muito pronunciada, "o efeito da análise se limita (apenas) a aumentar o poder de resistência das inibições, de maneira que se mostram à altura de exigências muito maiores do que antes da análise" (Freud, 1937, p. 243). "A transformação é conseguida, mas, com freqüência, apenas parcialmente: parte dos antigos mecanismos permanece intocada pelo trabalho da análise" (Freud, 1937, p. 245). O que provoca esse fracasso é o fator quantitativo da força pulsional. "Se a força do instinto é excessiva, o ego maduro, apoiado pela análise, fracassa em sua missão, tal como o ego desamparado anteriormente fracassara" (Freud, 1937, p. 245). O controle sobre a pulsão é melhorado, mas permanece imperfeito. Portanto, não podemos nos admirar se "a diferença entre uma pessoa que não foi analisada e o comportamento de uma pessoa após tê-lo sido não é tão radical como visamos a torná-lo, e como esperamos e sustentamos que seja" (Freud, 1937, p. 243).

3. As alterações do ego

Como vimos, o objetivo da análise é estabelecer uma aliança entre o analista e o ego do paciente, "a fim de *submeter* as partes do id que não estão *controladas*" (Freud, 1937, p. 251).[40] Na perspectiva freudiana, o fracasso em estabelecer uma relação terapêutica com os psicóticos demonstra a necessidade de o ego ser "normal" para que o processo terapêutico surta algum efeito. No entanto, ele alerta que o conceito de normalidade é apenas uma ficção, já que "toda pessoa normal é apenas normal na média" (Freud, 1937, p. 251).

> "Seu ego aproxima-se do ego do psicótico num lugar ou noutro e em maior ou menor extensão, e o grau de afastamento de determinada extremidade da série e de sua proximidade da outra nos fornecerá uma medida provisória daquilo que

---

40. Grifamos as palavras "submeter" e "controladas" pois, a nosso ver, elas induzem a uma interpretação adaptativa do processo curativo sobre a qual voltaremos na conclusão desse livro.

tão indefinidamente denominamos de 'alteração do ego'" (Freud, 1937, p. 251).[41]

As alterações do ego podem ser congênitas ou adquiridas. As possibilidades de cura aumentam no caso de alterações adquiridas no decurso do desenvolvimento, a partir dos primeiros anos de vida. Nessa fase, o ego começa a se estruturar e desempenha a tarefa de "mediar entre seu id e o mundo externo, a serviço do princípio de prazer, e de proteger o id contra os perigos do mundo externo" (Freud, 1937, p. 251). Desenvolvendo *mecanismos de defesa*, na tentativa de "evitar o perigo, a ansiedade e o desprazer" (Freud, 1937, p. 252), o ego passa a tratar as exigências pulsionais internas como perigos externos, já que uma satisfação indiscriminada do instinto conduziria a conflitos com o mundo externo.

Os mecanismos de defesa, que têm como eixo comum a *repressão*, "servem ao propósito de manter afastados os perigos" (Freud, 1937, p. 253), mas "eles próprios podem transformar-se em perigos" (Freud, 1937, p. 253), fazendo com que o ego pague um preço alto, pois "o dispêndio dinâmico necessário para mantê-los, e as restrições do ego que quase invariavelmente acarretam, mostram ser um pesado ônus sobre a economia psíquica" (Freud, 1937, p. 253).

Cada pessoa utiliza apenas uma determinada gama de mecanismos de defesa, que passam a caracterizar suas reações, como determinações do seu caráter. Essas reações são repetidas durante toda a vida. Isso faz com que o ego do adulto continue se defendendo contra perigos que já não existem, buscando

---

41. A nosso ver, esse texto já contém elementos que antecipam, de certa forma, a teoria de Melanie Klein, pela qual as características de psicótico e neurótico não representam "estados" e sim, apenas, "posições" e que normalmente não se apresentam de forma "pura". Contudo, Freud não acredita que a presença de algum núcleo neurótico no psicótico permita avançar no processo de análise.

substitutos na realidade que ele relaciona ao perigo original, para justificar a manutenção de seu funcionamento habitual. Esse funcionamento psíquico provoca uma alienação crescente do mundo externo e um enfraquecimento do ego, abrindo o caminho para a neurose.

O objetivo da análise é revelar esse funcionamento psíquico. "O efeito terapêutico depende de tornar consciente o que está reprimido (...) no id" (Freud, 1937, p. 255). O analista aprende a identificar, reconstruir e interpretar as resistências do paciente. Mas, como já vimos, essa aproximação faz com que o paciente desenvolva uma resistência ao próprio processo analítico, ativando processos de transferência negativa. Podemos, portanto, falar de alterações do ego em decorrência dos efeitos ocasionados pelas defesas que se interpõem ao trabalho analítico. Freud conclui que mais uma vez nos defrontamos com a importância do fator quantitativo, pois "o resultado de um tratamento analítico depende essencialmente da força e da profundidade da raiz dessas resistências que ocasionam uma alteração do ego" (Freud, 1937, p. 256).

Quanto às alterações congênitas, Freud admite não poder especificar sua natureza e sua causa. Por outro lado, não considera oportuno estabelecer uma diferença rígida entre caracteres herdados e adquiridos, pois "mesmo antes de o ego surgir, as linhas de desenvolvimento, tendências e reações que posteriormente apresentará, já estão estabelecidas para ele" (Freud, 1937, p. 257). Isso explicaria as peculiaridades dos grupos familiares, raciais e nacionais. Aliás, é na transmissão hereditária que podemos encontrar uma fonte para conteúdos psíquicos específicos, tais como o simbolismo (Petocz, 1999).

A pulsão de morte

Além das resistências adquiridas hereditariamente e aquelas adquiridas por causa dos processos defensivos, Freud aponta resistências de outro tipo, ligadas ao próprio funcionamento do aparelho mental. Um dos fenômenos típicos que pode ser atribuído a esse tipo de resistências é aquele que Freud define como *adesividade da libido*, que impede o desligamento e deslocamento de catexias libidinais de um objeto para o outro. Em outro grupo de pacientes é possível identificar uma plasticidade reduzida, que esgota rapidamente a capacidade de modificação do ego e de seu ulterior desenvolvimento.

Em todos esses casos parece tratar-se de uma resistência cuja origem está no próprio id e não no ego, ligada a "uma força que se está defendendo por todos os meios possíveis contra o restabelecimento e que está absolutamente decidida a apegar-se à doença e ao sofrimento" (Freud, 1937, p. 259). Mais uma vez, Freud afirma que os eventos mentais não podem ser ligados exclusivamente ao princípio do prazer, pois há indícios inequívocos "da presença de um poder na vida mental que chamamos de instinto de agressividade ou de destruição (...) e que remontamos ao instinto de morte original da matéria viva" (Freud, 1937, p. 259). Somente a ação *concorrente ou mutuamente oposta* (cf. Freud, 1937, p. 259) de Eros e do instinto de morte pode explicar a rica multiplicidade dos fenômenos da vida. Na realidade, para Freud, todo conflito encontra sua razão de ser mais profunda no instinto de morte. Ele mesmo contudo admite que essa teoria é polêmica e que não encontrou uma unânime aceitação por parte de seus seguidores.

Sobre o poder profilático da psicanálise

Uma ulterior questão, levantada em *Análise terminável e interminável,* diz respeito à capacidade que teria o processo terapêutico de proteger o paciente de futuros conflitos, isto é, a questão do seu poder profilático. Isso supõe a possibilidade da análise influenciar um conflito instintual que não seja ativo. Para Freud, somente é possível transformar um conflito latente em ativo, criando situações para que de fato seja ativado, na realidade ou na transferência, ou, simplesmente, apontando para o paciente a possibilidade do seu despertar.

Quanto à possibilidade de ativar um conflito mediante uma intervenção por parte do analista na realidade, Freud alerta para o fato, clinicamente comprovado, de que "o trabalho de análise progride melhor se as experiências patogênicas do paciente pertencem ao passado" (Freud, 1937, p. 248), possibilitando assim certo distanciamento do ego. Uma intervenção na realidade, com o intuito onipotente de emular o destino, sujeitando o paciente a experiências cruéis seria uma tentativa sem sentido e cruel. Destruir um casamento, ou fazer com que o paciente abandone seu emprego está claramente fora do alcance do analista. Na opinião de Freud, "criar um novo conflito só tornaria o trabalho da análise mais prolongado e mais difícil" (Freud, 1937, p. 248).

Por outro lado, uma tentativa de ativar o conflito mediante uma intervenção na situação de transferência seria igualmente desaconselhável, pois isso "obrigaria o analista a comportar-se de maneira inamistosa para com o paciente, e isso teria um efeito prejudicial sobre a atitude afetuosa — sobre a transferência positiva — que é o motivo mais forte para o paciente participar do trabalho conjunto da análise" (Freud, 1937, p. 249).

Quanto à terceira técnica: apontar para o paciente a possibilidade de ocorrerem, no futuro, determinados conflitos instintuais, Freud a considera sem efeito, pois o paciente não apresentaria qualquer reação. "Aumentamos seu conhecimento, mas nada mais alteramos nele" (Freud, 1937, p. 250).

Complexo de Édipo e integração dos elementos masculinos e femininos

Há ainda, no final do artigo *Análise terminável e interminável*, uma questão que, à primeira vista, parece deslocada, pois sua relação com os problemas discutidos nos textos anteriores não é muito clara. Veremos, contudo, que se trata de uma questão importante. Concluindo suas considerações sobre o poder curativo da psicanálise, Freud aborda o "repúdio da feminilidade", um tema relacionado à distinção existente entre os sexos. Trata-se de uma atitude psíquica que Freud liga a fatores diferentes no homem e na mulher e cuja preeminência ele define como especial, pois parece considerá-lo um elemento que pode influenciar fortemente o bom êxito de uma análise. São aqui retomados sob a perspectiva da cura dois temas ligados ao complexo de Édipo: a "inveja do falo", para as mulheres e, para os homens, a "luta contra sua atitude passiva ou feminina para com outro homem". Para compreender essa colocação devemos retomar os textos *A Dissolução do complexo de Édipo* (Freud, 1924d) e *Algumas conseqüências psíquicas da distinção anatômica entre os sexos* (Freud, 1925).

A tese que Freud elabora pode parecer, à primeira vista, fantasiosa, mas as experiências analíticas mostram que na realidade é uma construção de grande valor clínico, cuja articulação psíquica mais uma vez denota a tendência freudiana de ligar os fenômenos psíquicos a fatores biológicos e somáticos. O complexo de Édipo representa para Freud "o fenômeno central do período sexual da primeira infância" (Freud, 1924d,

p. 193), resultando numa vinculação da criança com as figuras parentais, baseada em fantasias de caráter sexual. Freud percebe a dificuldade em relacionar essas fantasias com a *cena primária* (a observação por parte da criança dos pais copulando) e prefere atribuí-las a "fantasias primitivas", de caráter filogenético.[42] Tendo como substrato essas fantasias, a menina "gosta de considerar-se como aquilo que seu pai ama acima de tudo o mais" (Freud, 1924d, p. 193), assim como o menino "encara a mãe como sua propriedade" (Freud, 1924d, p. 193).

O complexo de Édipo é um fenômeno de caráter hereditário, cuja "dissolução" dá-se de forma diferente para o homem e para a mulher. *"Enquanto, nos meninos, o complexo de Édipo é destruído pelo complexo de castração, nas meninas ele se faz possível e é introduzido através do complexo de castração"* (Freud, 1925, p. 285).

Tanto nos meninos como nas meninas, haveria uma fantasia primitiva, que os levaria a acreditar que a condição normal tanto do homem como da mulher é possuir um pênis. Ao perceber que não tem o falo, a menina acredita que virá a tê-lo, ao passo que o menino, ao constatar que as meninas não têm o pênis, começa a acreditar nas ameaças feitas por quem cuida dele, mas potencialmente ligadas à autoridade paterna, de que poderia vir a perdê-lo.[43] Nos meninos, como vimos, se o processo se dá de forma normal, "a destruição do complexo de Édipo é ocasionada pela ameaça de castração" (Freud, 1924d, p. 197). Diante da ameaça de ficar sem o pênis, assim como constata que ficaram as meninas, o menino abandona as "catexias de objeto" e as substitui por identificações (cf. Freud, 1924d, p. 196). Isso se dá quando "a autoridade do pai ou dos pais é introjetada no ego e aí forma o núcleo do superego, que

---

42. Cf. FREUD, 1925, p. 279.
43. Freud relaciona essas ameaças a repreensões ligadas à enurese noturna ou à masturbação infantil.

assume a severidade do pai e perpetua a proibição deste contra o incesto, defendendo assim o ego do retorno da catexia libidinal" (Freud, 1924d, p. 196) focalizada na mãe e introduzindo o que Freud define como *período de latência*.

Para os meninos a dissolução do complexo de Édipo resulta numa dupla orientação, ativa e passiva (cf. Freud, 1925, p. 285). Freud atribui à constituição essencialmente bissexual do ser humano a possibilidade de o menino *também* desejar tomar o lugar da mãe como objeto de amor do seu pai, identificando-se assim com uma atitude feminina, além de assumir atitudes masculinas, ao identificar-se com o pai.

Do ponto de vista ideal, o processo deveria levar a algo mais que uma simples repressão do complexo, pois equivaleria, se fosse idealmente levado a cabo, a "uma destruição e abolição do complexo" (Freud, 1924d, p. 197). De fato, a repressão por si só faz com que o complexo permaneça no id e se manifeste mais tarde de forma patogênica. Para Freud, portanto, do ponto de vista da saúde psíquica, a "dissolução do complexo de Édipo" é a "linha fronteiriça — nunca nitidamente traçada — entre o normal e o patológico" (Freud, 1924d, p. 197).

Para as meninas, a castração representa uma constatação anatômica, a partir do qual se origina o complexo de Édipo, que, neste sentido (para a menina), é uma formação secundária (Freud, 1925, p. 285). Na menina, o medo da castração tem como correspondente a inveja do pênis,[44] ou, se preferirmos, a *inveja fálica*.[45] Se, para as meninas, o desfecho ideal do complexo de Édipo seria a aceitação da castração e a identificação com a mãe, a inveja fálica introduz o *complexo de masculinidade* que as leva à esperança de algum dia possuir um falo, ou a uma autêntica rejeição da feminilidade que as leva à fantasia onipotente

---

44. "Ela o viu, sabe que não o tem e quer tê-lo" (FREUD, 1925, p. 281).
45. O termo fálico, a nosso ver, é preferível, pois adquire um sentido mais simbólico e nos remete aos interessantes estudos de Lacan.

de possuir um falo. Como observa Lacan, tanto nos meninos como nas meninas, podemos identificar na etiologia da psicose a recusa da castração que leva à *forclusão*[46] da lei do pai. Da mesma forma, podemos fazer remontar a perversão à recusa da castração, embora neste caso a "lei do pai" não seja excluída do psiquismo e sim apenas burlada.

Quando a inveja fálica não chega a atuar de forma tão forte, provocando uma radical recusa da castração, teremos formas reativas mais suaves que levarão gradualmente a uma aceitação mais acentuada da castração e da feminilidade. Mesmo neste caso, a menina ainda é submetida por causa da inveja fálica a desenvolver núcleos patológicos, tais como:

- sentimento de inferioridade
- ciúme;
- relação ambígua com a mãe;
- tendência a desenvolver uma sexualidade clitoridiana (cuja eliminação para Freud constitui uma precondição necessária para o desenvolvimento da feminilidade).[47]

Freud estabelece uma série de equações simbólicas que levam a menina a gradualmente se identificar com a mãe, ao

---

46. Podemos definir a **forclusão** (*Verwerfung*) como uma rejeição, ou seja, uma impossibilidade de inserir no âmbito da experiência psíquica (simbolizar) determinado conteúdo. A forclusão, para Lacan, está ligada à estrutura psicótica e é diferente da negação (*Verleugnung*), que supõe a possibilidade de entrar em contato com determinado conteúdo psíquico, embora se acabe por negar a evidência de sua percepção (estrutura perversa), bem como do **recalque** (*Verdrägung*) mediante o qual um determinado conteúdo psíquico (representação) é reprimido, colocado de lado (estrutura neurótica). Sobre este tema cf. HANNS (1997, p. 368-375).

47. Essa constatação de Freud parece relacionar clinicamente a dificuldade do orgasmo vaginal à inveja do falo e, portanto, a uma incapacidade da mulher de assumir sua feminilidade.

mesmo tempo que se afasta dela, aceitando de alguma forma a castração e aderindo à sua feminilidade. Para ele existe uma sutil equação entre o ciúme, que leva a amar (desejo) e odiar (agressividade) um objeto (outro), a masturbação (que equivale a bater e acariciar o clitóris/falo/outro) e o deslocamento das atenções do falo para a possibilidade de ter um bebê, que representa simbolicamente o falo/outro. O deslocamento da libido de acordo com a equação "pênis-criança", representa a fase final da dissolução do complexo de Édipo nas meninas. Assim, ela "abandona seu desejo de um pênis e coloca em seu lugar o desejo de um filho, *com esse fim em vista*, toma o pai como objeto de amor" (Freud, 1925, p. 284). Mesmo assim, para Freud, esse desenlace parece não ser definitivo, pois mais tarde "pode ser que (...) a menina retorne a seu complexo de masculinidade e, talvez, permaneça fixada nele" (Freud, 1925, p. 285). Dessa forma, na menina, o complexo de Édipo "pode ser lentamente abandonado ou lidado mediante a repressão, ou seus efeitos podem persistir com bastante ênfase na vida mental normal das mulheres" (Freud, 1925, p. 286).

A conclusão de Freud segue uma lógica inexorável, embora um tanto surpreendente. Se a dissolução do complexo de Édipo na mulher não ocorre de forma inexorável, como acontece com os homens, nela a formação do superego segue um caminho diferente, dando origem, por assim dizer, a um superego mais frouxo. Isso fundamentaria as críticas que são freqüentemente feitas ao caráter feminino, quando alguém afirma que as mulheres "demonstram menor senso de justiça que os homens, que estão menos aptas a submeter-se às grandes exigências da vida, que são mais amiúde influenciadas em seus julgamentos por sentimentos de afeição ou hostilidade" (Freud, 1925, p. 286). Trata-se sem dúvida de uma afirmação polêmica, que o próprio Freud hesita fazer, sabendo das críticas que lhe serão feitas sobretudo pelas feministas, mas não podemos negar sua honestidade e sua coragem em ir até o fim nas conseqüências lógicas de sua teoria.

Resta contudo a possibilidade que uma relação menos rigorosa com a "lei do pai" possa gerar atitudes éticas até mais saudáveis na perspectiva de uma moral que não seja tão rigorosa e legalista como a moral vitoriana que predominava na época freudiana.

Para Freud as diferenças psíquicas entre homem e mulher são determinadas pela distinção anatômica entre seus órgãos sexuais, ou seja pela diferença entre a castração ameaçada e a castração constatada. No entanto, uma vez frisada a diferença, Freud não hesita em dizer que "todos os indivíduos humanos, em resultado de sua disposição bissexual e cruzada, combinam em si características tanto masculinas quanto femininas, de maneira que a masculinidade e a feminilidade puras permanecem sendo construções teóricas de conteúdo incerto" (Freud, 1925, p. 286).

Podemos agora voltar ao artigo *Análise terminável e interminável*, a partir do qual foi feita essa longa digressão. Nele, Freud conclui que o repúdio da castração, e portanto da identificação com o feminino, representa um fator que desafia a análise pois impede a mudança e resulta em resistência. Este "repúdio da feminilidade", decorrente de uma dificuldade em lidar adequadamente com a castração foi apontado por Ferenczi como um fator crítico para o sucesso da análise. Freud, contudo, como mostra o texto a seguir, não é tão otimista quanto à possibilidade de um desfecho positivo.

> "Em nenhum ponto do nosso trabalho analítico, se sofre mais da sensação opressiva de que todos os nossos repetidos esforços foram em vão, e da suspeita de que estamos 'pregando ao vento', do que quando estamos tentando persuadir uma mulher a abandonar seu desejo de um pênis, com fundamento de que é irrealizável, ou quando estamos procurando convencer um homem de que a atitude passiva para com homens nem sempre significa castração e que ela é indispensável em muitos relacionamentos na vida" (Freud, 1937, p. 269).

O texto é de extrema importância pois traz à tona um elemento novo que Freud não amplia, mas que é plenamente de acordo com a lógica do seu texto. Um dos elementos fundamentais para a cura psicanalítica, para ambos os sexos, é a integração simbólica dos elementos femininos e masculinos e a capacidade de lidar com a castração.[48] Winnicott retomará e ampliará esse conceito, ao estabelecer uma diferença nas relações de objeto, caracterizada por um relacionamento que transita entre os elementos masculinos e femininos, entre o relacionamento ativo e o relacionamento passivo (Winnicott, 1975).

O que se espera do analista

Ao falar dos fatores que influenciam o processo terapêutico, Freud não deixa de considerar a individualidade do analista. Espera-se que o analista possua "um grau considerável de normalidade", algum tipo de superioridade de modo a poder representar para seu paciente um modelo e finalmente honestidade e amor pela verdade. Para poder exercer a atividade de terapeuta o analista deverá antes empreender a própria análise, para familiarizar-se com os processos inconscientes e aprender a lidar com seu próprio material reprimido, além de poder ter um primeiro contato com a técnica analítica, junto a um analista mais experiente. A este caberá avaliar sua idoneidade. Mesmo que a análise do candidato seja inicialmente breve e incompleta, o importante é que possibilite aos processos de remodelamento do ego nela empreendidos de prosseguir espontaneamente. Nesse contexto, Freud alerta sobre o perigo de que os analistas

---

48. Acreditamos que nesse ponto se possa estabelecer de alguma forma uma ligação entre o conceito terapêutico junguiano de integração de *animus* e *anima* e os textos acima apresentados de Freud.

aprendam a fazer uso de mecanismos defensivos, afastando-se da influência crítica e corretiva da análise, desviando de si próprios suas implicações e exigências (cf. Freud, 1937, p. 266). Por outro lado, Freud observa que o analista está exposto aos "perigos da análise", pelo fato de lidar constantemente com o material reprimido que pode despertar nele exigências instintuais que de outra forma permaneceriam sob controle. Nesse sentido, Freud aconselha que o analista a cada cinco anos volte a fazer análise.

Conclusão

Freud nega que sua intenção seja "afirmar que a análise é, inteiramente, um assunto sem fim" (Freud, 1937, p. 266). A terminação de uma análise é essencialmente uma questão prática, que o analista deverá avaliar, lembrando que o objetivo não é "dissipar todas as peculiaridades do caráter humano em benefício de uma 'normalidade' esquemática, nem tampouco exigir que a pessoa que foi 'completamente analisada' não sinta paixões nem desenvolva conflitos internos" Freud, 1937, p. 266-267). Freud conclui dizendo que a "missão da análise é garantir as melhores condições psicológicas possíveis para as funções do ego" (Freud, 1937, p. 267). Feito isso, concluiu sua tarefa.

Como observa Strachey, Freud parece não acreditar que a análise possa aparelhar o ego para enfrentar novos conflitos de maneira mais eficiente e nem que possa garantir que os antigos conflitos deixem de reaparecer. Nem a estrutura do ego, nem os conflitos pulsionais parecem poder ser modificados de uma forma mais geral e permanente. Contudo, o próprio Strachey cita um texto escrito um ano depois, em que Freud parece rever esta posição. Nesse texto Freud afirma que a superação das resistências provocada pelo processo da análise "ocasiona uma alteração vantajosa do ego, a qual será mantida independentemente do resultado da transferência e se manterá firme na vida" (Freud, 1940, p. 193).

No mesmo texto, ao falar da resistência do ego ao processo analítico, Freud levanta mais uma questão que gostaria de frisar, pois traz um elemento bastante inusitado. As defesas do ego, provocadas pelo processo da repressão, se renovam constantemente durante o processo analítico e o ego do paciente, em determinados estágios, resiste aos esforços do analista. Para que o processo terapêutico avance é necessária uma inversão, fazendo com que o analista, neste caso, procure se aliar não mais ao ego e sim ao inconsciente, aproveitando o "impulso ascendente", que dele emana e que faz com que a pulsão busque caminho em direção à consciência. Dessa forma se desenvolve uma luta, realizada sob a *direção* e *assistência* do analista, que tem como objetivo induzir o ego a superar suas resistências. "O seu desfecho é indiferente, quer resulte na aceitação por parte do ego (...) de uma exigência instintiva que até então rejeitara, quer a rejeite de novo, desta vez definitivamente" (Freud, 1940, p. 193). Dessa forma o âmbito do ego fica ampliado e "um dispêndio inútil de energia tornou-se desnecessário" (Freud, 1940, p. 193).

Esse texto parece-me importante, pois alude à possibilidade de recorrer ao poder criativo do inconsciente, que permite imprimir ao processo terapêutico não apenas uma função adaptativa à realidade, mas também uma função estética, permitindo ao paciente resgatar seus impulsos inconscientes e usá-los de forma criativa. A partir dessa colocação do último Freud, ao tradicional onde era o id faça-se o ego, paradoxalmente poderíamos acrescentar onde era o ego faça-se o id.

A clínica kleiniana: elaboração das ansiedades persecutórias e depressivas

A abordagem kleiniana

O percurso teórico freudiano, como temos observado até aqui, tem como pano de fundo uma rica experiência clínica, a partir da qual toda a construção da teoria psicanalítica vem se articulando num entrelaçar-se contínuo de novas questões. Antes de prosseguir, retomaremos de forma sintética os pontos centrais dessa construção metapsicológica. O funcionamento psíquico, na perspectiva da segunda tópica freudiana, pode ser articulado em torno de quatro elementos interligados: o *ego*, definido por Freud como a parte consciente do id, o próprio *id*, fonte da vida pulsional inconsciente; a *realidade*, com suas exigências; e, finalmente, o *superego*, cujos ditames orientam os mecanismos de repressão do ego em sua função de mediar entre as exigências do id e aquelas do mundo real. Ao focalizarmos a visão freudiana sobre as pulsões, vimos como todos esses elementos interagem, no percurso do desejo. Os estímulos (externos e internos) determinam o surgir de traços mnêmicos no inconsciente, que indicam percursos facilitados da libido (caminhos já percorridos em busca da satisfação do desejo). Os traços mnêmicos se combinam em torno de representações, que, ao buscarem seu caminho em direção ao aparelho motor, são filtradas pelo ego, de acordo com os ditames do superego. Uma parte da atividade pulsional chega a se expressar no pensamento consciente e na atividade motora, alcançando o mundo externo através de gestos e palavras. Uma parte é recalcada e volta para o inconsciente sem encontrar um caminho para a descarga da pulsão, alimentando o conflito entre ego e id e buscando uma expressão disfarçada através do sintoma.

Percebemos nessa construção simplificada que o funcionamento intrapsíquico é o foco das atenções da clínica freudiana e é fundamentalmente nesse universo que as relações de objeto encontram seu sentido. Para retomar as conclusões freudianas sobre o conceito de cura e ampliá-las em direção às reflexões atuais da psicanálise, parece-me importante introduzir neste ponto uma referência à perspectiva psicanalítica de Melanie Klein, pois ela introduz um elemento novo que permitirá os sucessivos desenvolvimentos da escola inglesa, com particular destaque para autores como Bion e Winnicott.[49]

Nesses autores, a partir da leitura kleiniana, o enfoque intrapsíquico freudiano se abre para uma *perspectiva interpsíquica* em que o ambiente e as relações de objeto adquirem um peso mais determinante na formação do psiquismo humano e na determinação dos conflitos intrapsíquicos. É na relação com o mundo externo que o psiquismo elabora seus objetos internos.[50] Essa relação é particularmente rica do ponto de vista psíquico quando o objeto externo é por sua vez um sujeito. É na relação entre dois sujeitos que se estabelece um *espaço transicional* (para usar um termo winnicottiano) de importância vital para a formação do psiquismo e, sucessivamente, na clínica, para o contexto terapêutico.

---

49. O pensamento kleiniano foi influenciado pelas teorias de dois dos primeiros discípulos de Freud, K. Abraham e S. Ferenczi.
50. Klein afirma que "desde o início da vida pós-natal e a cada estágio fatores externos afetam o resultado do desenvolvimento" (KLEIN, 1952, p. 120).

Cremos que, a partir dessa pontuação, possamos identificar uma possível evolução do conceito de cura. É com esse intuito que dedicaremos algumas páginas à compreensão da visão kleiniana e, sobretudo, à sua visão das ansiedades persecutória e depressiva a partir das fantasias inconscientes, que são, como veremos, o resultado dessa interação entre o funcionamento psíquico do indivíduo e o mundo externo, em particular entre o indivíduo e as primeiras figuras significativas para seu desenvolvimento psíquico.

O conflito psíquico e a origem das fantasias inconscientes

Como vimos, é basicamente a partir do estudo de pacientes neuróticos adultos que Freud vai elaborando sua teoria do desenvolvimento psíquico, remontando sucessivamente até às fases iniciais da infância. Uma das teorias centrais do pensamento freudiano, o complexo de Édipo, não foge desse percurso hermenêutico. Nessa perspectiva, o complexo de Édipo, como vimos, revela sua importância como o fenômeno central do período sexual da primeira infância. "Após isso, se efetua sua dissolução, ele sucumbe à regressão (...) e é seguido pelo período de latência" (Freud, 1924d, p. 193). Na perspectiva freudiana, a maneira como esta fase fundamental da infância é vivida, em torno dos quatro cinco ou anos de idade, torna-se estruturante para o funcionamento do psiquismo em suas fases sucessivas do desenvolvimento.

No quadro do desenvolvimento freudiano, crianças pequenas não são analisáveis, pois seu psiquismo estaria ainda numa fase narcísica. Só mais tarde, a estruturação edípica possibilitaria a entrada na fase da latência e possibilitaria a seguir o desenvolvimento de relações de objeto, inclusive com o analista, numa interação adaptativa com o mundo externo, que adquire na fase genital seu pleno desenvolvimento.[51]

A teoria kleiniana parte da constatação que crianças, muito antes dos quatro ou cinco anos de idade, sofrem de fobias.[52] A criança desde os primeiros meses de vida demonstra estar à mercê de ansiedades persecutórias,[53] que encontram expressão em fobias arcaicas.[54] Isso supõe uma situação conflitante que antecipa o complexo de Édipo para fases mais primitivas do desenvolvimento. Sem o complexo de Édipo, de fato, não é possível nenhuma patologia estrutural, pois não haveria nada que impediria ao *Id* se tornar consciente. Para M. Klein o que "proíbe" a manifestação do id é algo que pertence ao próprio impulso, algo que ela relaciona com um funcionamento psíquico interno ligado à pulsão de morte. É em busca de um representante psíquico inconsciente que possibilite as relações de objeto, que Klein acaba formulando a teoria das fantasias inconscientes. Para analisar este aspecto importante

---

51. "As catexias de objeto são abandonadas e substituídas por identificações. A autoridade do pai ou dos pais é introjetada no ego e aí forma o núcleo do superego, que assume a severidade do pai e perpetua a proibição deste contra o incesto, defendendo assim o ego do retorno da catexia libidinal. As tendências libidinais pertencentes ao complexo de Édipo são em parte dessexualizadas e sublimadas (coisa que provavelmente acontece com toda transformação em uma identificação) e em parte são inibidas em seu objetivo e transformadas em impulsos de afeição" (FREUD, 1924d, p. 196).
52. Afirma Klein: "O bebê recém-nascido sofre de ansiedade persecutória suscitada pelo processo de nascimento e pela perda da situação intra-uterina" (KLEIN, 1946-1963, p. 121) e complementa: "Mantenho há muitos anos o ponto de vista de que a ação interna da pulsão de morte dá origem ao medo de aniquilamento e que esta é a causa primária da ansiedade persecutória" (KLEIN, 1946-1963, p. 86).
53. "Eu sugeriria que as fobias que surgem durante os primeiros meses de vida são causadas pela ansiedade persecutória, que perturba a relação com a mãe internalizada e com a externa" (M. KLEIN, 1946-1963, p. 130).
54. "Essas ansiedades, centradas primeiramente nos pais, encontram expressão nas fobias arcaicas e afetam enormemente a relação da criança com seus pais" (KLEIN, 1946-1963, p. 106). Cf. também p. 290, onde as fobias são relacionadas à posição depressiva.

da teoria kleiniana, utilizarei o artigo "A natureza e a função da fantasia" (Isaacs, 1982), originariamente publicado no *International Journal of Psycho-Analysis* (XXIX, p. 73-97), sob o título "The nature and function of phantasy".

Algumas características da metodologia clínica kleiniana

Diante do contexto polêmico em que a teoria kleiniana surge, provocando uma divisão interna no grupo dos seguidores de Freud,[55] Susan Isaacs tenta esclarecer as teses de Klein sobre *a natureza e a função da fantasia* no contexto dos processos mentais estudados pela psicanálise e mostrar sua coerência no âmbito geral do pensamento freudiano. Para Isaacs, o trabalho clínico mostra com clareza que existem certos fenômenos mentais que implicam na atividade de fantasias inconscientes, desde os primeiros anos de vida, embora seja difícil estabelecer o conteúdo dessas fantasias. Isso supõe uma ampliação do conceito de fantasia, que pode ser esclarecido remontando às primeiras fases do desenvolvimento humano, durante os primeiros três anos de vida.

Diante do ceticismo quanto à possibilidade de compreender a vida psíquica nesta fase, a autora considera que o método da inferência permite o estudo desses fenômenos a partir da convergência de três fatores:

---

55. As teorias de Klein provocaram uma divisão na Sociedade Psicanalítica inglesa. Um grupo se aglutinou em torno das teses de Anna Freud (e sucessivamente deu origem ao grupo americano da chamada *Psicanálise do Ego*), outros preferiram seguir as idéias de Melanie Klein (S. Isaacs, A. Segal, H. Rosenfeld., D. Meltzer etc.). Numa posição intermediária formou-se um terceiro grupo, o chamado Middle Group (E. Ballint e outros).

1. Relações entre fatos e teorias conhecidos do pensamento psicanalítico;
2. Evidências clínicas a partir da análise de adultos e crianças;
3. Observação não analítica do comportamento infantil.

Sabendo que está diante de questões polêmicas no contexto da psicanálise, a autora dedica um atento exame à questão do método.

Recorrendo aos métodos de observação desenvolvidos na área comportamental, Isaacs considera que três técnicas possam ser aplicadas à clínica analítica:

1. Atenção aos pormenores, ou seja a observação minuciosa do comportamento do bebê e de suas reações, comparando os dados assim obtidos.
2. Observação do contexto que consiste em notar e registrar o contexto emocional e social dos dados observados no que diz respeito à manifestação de sintomas de ansiedade, júbilo, triunfo, afeição, aflição etc. (cf. o exemplo do "fort / da", observado por Freud na brincadeira de um bebê quando a mãe se afasta).
3. Estudo da continuidade genética, a partir do pressuposto de que o desenvolvimento é um processo, embora não uniforme, pois existem crises definidas de crescimento. Nesse sentido, os processos mentais não podem ser considerados como fatos *sui generis*, mas como "itens numa série evolutiva ou seqüência". Isso leva a crer que as fantasias sejam ativas com os impulsos dos quais elas surgiram.

O Método da psicanálise

Os três aspectos acima citados, aplicáveis à observação do comportamento, representam para Isaacs aspectos essenciais do trabalho psicanalítico. A análise do contexto e a observação dos pormenores estão, no trabalho analítico, intimamente ligados. O analista deve observar atentamente: repetições e omissões na fala, a ênfase dada aos diferentes momentos da fala, o contexto afetivo e associativo, o estilo verbal, a seleção de fatos, a maneira como o paciente entra e sai da análise, como se comporta no divã (tom de voz, cadência da fala etc.), estados de humor e sintomas de afeição. O terceiro princípio está estritamente ligado à maneira como Freud descreve as sucessivas fases do desenvolvimento. Klein, observa Isaacs, transportou o mesmo método para seu trabalho analítico com crianças, usando atividades lúdicas com objetos materiais como base de observação. "Nas relações da criança com o analista, tal como acontece com os adultos, as fantasias que se manifestaram em situações anteriores da vida são repetidas e representadas (...) com uma riqueza de vívidos pormenores" (Isaacs, 1982, p. 91).

A autora observa que é "especialmente na relação emocional do paciente com o analista que o estudo do contexto, dos pormenores e da continuidade do desenvolvimento demonstra ser fértil para a compreensão da fantasia" (Isaacs, 1982, p. 91), pois os pacientes repetem com o analista situações envolvendo afetos, impulsos e processos mentais de que tiveram experiência anteriormente em suas relações de objeto. A situação transferencial modifica-se de acordo com a personalidade, as atitudes, as intenções e até com as características externas e o sexo do analista e de acordo com as modificações da vida interior do paciente. Conclui portanto a autora que a "relação do paciente com seu analista é quase inteiramente de fantasia inconsciente" (Isaacs, 1982, p. 92). Através da repetição e da representação é possível remontar a sentimentos, impulsos e atitudes dos primeiros meses de vida e adquirir assim "um sólido conhecimento do que realmente se passou na mente do analisando quando era criança pequena" (Isaacs, 1982, p. 92).

O método acima exposto usado para pacientes acima dos dois anos de vida permite, na opinião de Isaacs, inferir as fantasias mais remotas de crianças com menos de dois anos de vida, com um considerável grau de probabilidade, aplicando ao comportamento do bebê os princípios de observação acima expostos e a compreensão obtida através da análise de adultos.

Com isso, podemos já perceber um primeiro avanço. A criança, antes excluída da relação analítica, passa a ser passível de análise e é justamente a partir da análise de crianças que Klein extrairá suas teorias sobre o funcionamento psíquico do adulto.

Natureza e função da fantasia

No contexto psicanalítico, interessam especialmente as fantasias inconscientes. Isaacs observa que o uso do termo fantasia, na linguagem comum, em contrapartida ao termo realidade, pode levar a negar a realidade objetiva da fantasia inconsciente como acontecimento mental. O fato de a fantasia não estar em sintonia com a realidade externa não quer dizer que ela não tenha uma realidade psíquica. Como frisa Segal, "a fantasia não é simplesmente uma fuga da realidade, mas um constante e inevitável acompanhamento de experiências reais, com as quais está em constante interação" (Segal, 1975, p. 25). O fato das fantasias inconscientes poderem determinar o tipo de "seqüência causal atribuída aos acontecimentos", demonstra que elas estão constantemente influenciando e alterando a percepção ou a interpretação da realidade, mas, por outro lado, não podemos ignorar que também a realidade exerce seu impacto sobre as fantasias inconscientes (cf. Segal, 1975, p. 25-26).

Para Segal o inter-relacionamento entre fantasia inconsciente e realidade externa é muito importante, pois permite avaliar a importância do ambiente no desenvolvimento da criança, uma tese que será sucessivamente desenvolvida com maior profundidade por Winnicott. Mas, ao mesmo tempo, Segal frisa algo que é típico da visão kleiniana, o fato de a fantasia ter vida própria: "O ambiente tem (...) efeitos extremamente importantes na tenra infância e na infância posterior, mas daí não se conclui que, sem um ambiente mau, não existiriam fantasias e ansiedades agressivas e persecutórias" (Segal, 1975, p. 26). Isaacs observa ainda que, embora seja no contexto da patologia neurótica que a fantasia inconsciente revela toda a sua força, ela não atua apenas nesse âmbito. Para Isaacs, o que define a normalidade é a maneira como a fantasia é tratada pelo processo mental e o grau de adaptação ao mundo externo.

No âmbito da teoria kleiniana, a fantasia é o conteúdo primário dos processos mentais inconscientes. Os processos mentais nascem do inconsciente, a partir das necessidades instintuais. As fantasias são portanto expressões mentais dos instintos, uma representação psíquica dos instintos libidinais e destrutivos. A atividade do fantasiar, como observa a própria Klein, tem suas raízes nas pulsões, das quais é um corolário (Klein, 1946-1963, p. 82 e 285).

Interessante é a relação que Isaacs estabelece entre a alucinação e a fantasia inconsciente. A *alucinação* não apenas consiste em elaborar uma imagem interna do objeto desejado, mas em simular a obtenção do objeto desejado (em situações de tensão libidinal atenuada); nesse sentido é um verdadeiro *acting out* (atuação) da fantasia. Com o aumento da tensão, a alucinação tende a desaparecer, a intensidade do desejo aumenta com a dor da frustração e o objeto do desejo é *introjetado* mediante uma fantasia onipotente (no bebê isso equivale à incorporação do seio). Com o aumento da frustração a tensão instintiva já não pode mais ser negada. O objeto desejado assume um caráter persecutório e a agressividade se manifesta.

As fantasias têm um papel importante no desenvolvimento inicial. As dificuldades do bebê na alimentação e na excreção, ou as fobias, de fato, têm sua origem em fantasias inconscientes. A dor mental sempre implica uma fantasia. Quando a mãe some, o bebê acha que foi destruída por sua agressividade e voracidade, numa atitude onipotente em que prevalece a interpretação subjetiva.

Inicialmente, as fantasias relacionadas aos impulsos de desejo mais arcaicos são determinadas pela lógica da emoção. Num período sucessivo de desenvolvimento, porém, podem ser expressas em palavras. No entanto, observa Isaacs, "na infância e na vida adulta (...) fantasiamos e atuamos muito além dos nossos significados verbais" (Isaacs, 1982, p. 103). "As palavras são meio de referência à experiência real ou fantasiada, mas não são idênticas a ela, nem a substituem" (Isaacs, 1982, p. 103), pois pertencem à atividade consciente. A prova mais convincente disso são os sintomas de conversão na histeria, em que fantasias (desejos e emoções, crenças) arcaicas se manifestam sob forma de uma regressão pré-verbal, através de sintomas físicos (sensações, posturas, gestos e processos viscerais). Embora a atividade simbólica consciente possa ter como base a fantasia, ela não se identifica com a fantasia e uma criança terá fantasias muito antes que possa expressá-las em palavras.

Para compreender o verdadeiro sentido da fantasia inconsciente kleiniana é importante retomar a relação entre fantasia e experiência sensorial. A primeira realização fantasiada de um desejo está vinculada à sensação. "As primeiras fantasias promanam de impulsos físicos e estão interligadas com sensações e afetos físicos" (Isaacs, 1982, p. 107). Isaacs frisa que as fantasias expressam inicialmente uma realidade interna e subjetiva, mas estão vinculadas com uma realidade concreta (objetiva). Na fase da amamentação, o bebê sente angústia por causa de estímulos internos (corporais, viscerais) e, em decorrência disso, pode sentir satisfação e afetos agradáveis, ou sentir uma frustração do seu desejo, sob forma de sensações e afetos desagradáveis e persecutórios, como se estivesse sendo agredido pelo objeto desejado.

As primeiras experiências corporais estimulam as primeiras recordações e introjeções de realidades externas sob forma de fantasias. No entanto, as fantasias não têm origem no mundo externo, sua origem é essencialmente interna, nos impulsos instintivos. Portanto, não é necessário que a criança tenha visto objetos externos destruídos para que surja a fantasia de poder destruir o seio materno. Fantasias são inicialmente uma percepção primária dos impulsos derivados da pulsão de vida e de morte. Um exemplo disso são as fantasias ligadas às dificuldades no controle do esfíncter e na enurese. As fezes e a urina podem ser expressão de coisas boas que a criança quer dar à mãe como expressão de seu amor, algo que a mãe supostamente quer. Essa fantasia encontra um eco na realidade externa, quando a mãe as recebe positivamente. Mas as fezes podem também ser uma forma de agressão, relacionadas à fantasia de afogar, queimar na urina a mãe má (instintos de morte). A urina que queima é expressão da raiva impotente do bebê, de acordo com suas intenções no momento de evacuar, intenções que podem ser fixadas pela maneira agressiva como a mãe as recebe. Essas fantasias estão ligadas às fantasias sexuais infantis, descritas por Freud, sobre a origem dos bebês e sobre a cena primária (o pai introduz na mãe comida ou fezes, boas ou más, conforme a ocasião e a natureza da fantasia interna da criança). As fantasias exprimem desejos e paixões, utilizando-se dos impulsos corporais do bebê como seu material de expressão (cf. Isaacs, 1982, p. 110).

Isaacs faz notar a relação entre a fantasia inicial e o processo primário. As fantasias como interpretações afetivas das sensações corporais são caracterizadas pelas qualidades que Freud atribuiu ao processo primário: falta de coordenação, falta do sentido do tempo, de negação e de contradição, ou seja, elas ocorrem sem que haja discriminação da realidade externa (daí o prevalecer nesta fase da posição esquizo-paranóide). A mãe percebida como objeto interno mau, não implica num raciocínio, mas numa identificação entre a dor sentida e a mãe. A relação entre sensação interna e realidade externa começa a ser feita só mais tarde, perto dos 6 meses. Inicialmente, trata-se portanto de uma experiência "absoluta", sem contato com a realidade externa. No entanto, este processo primário não domina "toda" a vida mental do bebê, pois, desde o nascimento, ocorrem adaptações ao meio externo e interações que modificam sua vida mental, num processo de integração que supõe memória e previsão. O brincar passa assim a ser uma forma adaptativa do bebê à realidade externa e um meio de expressão de suas fantasias.

Mecanismos psíquicos de defesa

Para esclarecer ainda mais o conceito de fantasia, Isaacs estabelece uma relação entre instinto, fantasia e mecanismo, em particular entre as fantasias de incorporação e os mecanismos de introjeção. Projeção e introjeção são mecanismos mentais de defesa, ou seja "modos particulares de operação da vida mental, como um meio para enfrentar tensões e conflitos internos" (Isaacs, 1982, p. 113). Através desses mecanismos, idéias, impressões e influências penetram no ego e passam a integrá-lo, ou então, elementos do ego, deixam de ser reconhecidos como seus e são projetados no mundo externo. Esses mecanismos são relacionados com fantasias de incorporação de objetos amados e odiados. Para Isaacs "a fantasia é o vínculo operante entre o instinto e o mecanismo do ego" (Isaacs, 1982, p. 113). O instinto é caracterizado por um impulso motor dirigido para um objeto externo concreto. Seu representante mental é a fantasia. É através da fantasia (daquilo que preenche nossas necessidades) que o impulso instintivo pode concretizar-se na realidade externa. "Embora sejam fenômenos psíquicos, as fantasias são, primariamente (...), dores e prazeres corporais, dirigidas a objetos" (Isaacs, 1982, p. 114). A fantasia, portanto, "é uma invenção, uma vez que não pode ser tocada, agarrada ou vista; contudo, é real na experiência do sujeito" (Isaacs, 1982, p. 114). Nisso reside o paradoxo, a fantasia é uma função puramente mental e, no entanto, tem efeitos reais, com repercussões tanto internas como externas.

Resumindo, podemos dizer que os *Instintos* são: processos psicossomáticos dirigidos para objetos externos. As *fantasias*: são representantes psíquicos dos instintos ("expressão mental" de um instinto, como diria Freud). Elas permitem concretizar no mundo externo nossas necessidades instintivas mediante a "representação" fantasiada daquilo que preenche nossas necessidades. São uma invenção da mente, mas para o indivíduo representam uma experiência real subjetiva. Elas produzem no ego efeitos reais, emoções, comportamentos concretos em relação a outras pessoas; com repercussões no mundo externo, provocando mudanças que afetam o caráter e a personalidade, gerando sintomas, inibições, capacidades.

No *mecanismo de introjeção* a fantasia elabora uma *imago* interna de um objeto externo. Os dois passam a ser percebidos como distintos, num lento processo de desenvolvimento, que Isaacs sintetiza nas seguintes fases:

a) Em seu estádio primitivo, as fantasias remetem a impulsos orais e motores ligados à experiência de introduzir coisas.

b) Essas fantasias representam inicialmente uma experiência corporal pouco suscetível de ser relacionada com o objeto externo. Isso confere à fantasia uma qualidade concreta corporal (sentida no corpo, não distinguível de sensações externas).

c) Pouco a pouco, a separação entre mundo interno e externo torna-se mais clara. Nessa fase, os impulsos corporais e sua expressão mental (fantasias) sofrem repressão. Os objetos externos são convertidos em imagens mentais de objetos externos percebidos como tais.

d) Essas imagens mentais, porém, podem passar a afetar a mente por estar nela, na medida em que se relacionam com as imagens internas (fantasias), suas associadas somáticas reprimidas e inconscientes, que constituem o elo com o *id* e que permitem "sentir" o objeto associado como incorporado.

Isaacs chama a atenção na distinção entre *imago* e *imagem*. A primeira refere-se a uma imagem inconsciente, a segunda à imagem mental de objetos externos. Na imagem, os elementos somáticos e emocionais estão em grande parte reprimidos, ao passo que os mesmos estão presentes na imago. Já os *mecanismos* estão relacionados com fantasias específicas e, portanto, são sempre experimentados como fantasias. Eles derivam "dos instintos e reações inatas de ordem corporal" (Isaacs, 1982, p. 121).

Já falamos sobre os mecanismos de introjeção e projeção, mas vale a pena situar esses mecanismos de maneira mais precisa, pois são elementos importantes para a clínica psicanalítica. Para M. Klein, desde os primeiros momentos de vida, existe, como vimos, uma interação entre o mundo interno do bebê e o mundo externo mediada pela relação de objeto. Nessa fase, contudo, a maneira de o bebê perceber o mundo externo é rudimentar. O objeto externo é percebido como um *objeto cindido*, assim como o próprio mundo interno é percebido pelo bebê como fragmentado. O universo primitivo com o qual o ser humano entra em contato é, para Klein, o seio materno, percebido como cindido em *seio bom* e *seio mau*. Bom quando alimenta, mau quando se afasta e deixa de alimentar, tornando-se uma ameaça para a sobrevivência do bebê.

Para lidar com a ansiedade que essa situação acarreta o ego desenvolve, além da cisão, outros mecanismos de defesa. Um importante mecanismo psíquico, como vimos, é a *projeção*, uma "deflexão da pulsão de morte para fora" (Klein, 1946-1963, p. 25),[56] bem como o seu oposto, a *introjeção*. Tanto aspectos bons como maus podem ser projetados ou introjetados, numa tentativa de obter o controle sobre o objeto mau e se precaver da perda do objeto bom.

No âmbito da teoria kleiniana, um destaque particular merece o mecanismo de defesa que Klein define como *identificação projetiva*. Sua importância na prática clínica é muito grande, pois se trata de um mecanismo que muitas vezes pode desestabilizar a relação terapêutica, se não for oportunamente identificado e trabalhado. Trata-se de um mecanismo que encontra sua origem numa vertente da pulsão de morte, que Klein relaciona à inveja primária. Através desse mecanismo, "partes excindidas do ego são (...) projetadas (...) para dentro da mãe" ou do analista (Klein, 1946-1963, p. 27), com o objetivo de danificar e sobretudo de controlar e tomar posse do objeto.

"O seio bom internalizado e o seio mau devorador formam o núcleo do superego, em seus aspectos bons e maus; são os representantes, no interior do ego, da luta entre as pulsões de vida e de morte" (Klein, 1946-1963, p. 53). Trata-se de uma entrada do objeto interno no externo e vice-versa,[57] que

---

56. Nesse sentido M. Klein retoma a posição de Freud para o qual a pulsão de morte é em parte projetada no objeto externo e em parte transformada em agressividade que se reflete em atitudes sádicas ou masoquistas.
57. "Os perigos externos são vivenciados à luz dos perigos internos, e são, portanto, intensificados; por outro lado, qualquer perigo que ameace a partir do exterior intensifica a perene situação de perigo interno" (KLEIN, 1946-1963, p. 53).

dependendo de sua intensidade e do prevalecer dos objetos maus sobre os bons, pode conduzir a uma situação de perturbação psíquica ou de normalidade.

"No que diz respeito à personalidade normal, pode-se dizer que o curso do desenvolvimento do ego e das relações de objeto depende da medida em que pode ser alcançado um equilíbrio ótimo entre introjeção e projeção nos estágios iniciais do desenvolvimento. Isso, por sua vez, tem relevância para a integração do ego e a assimilação dos objetos internos" (Klein, 1946-1963, p. 29-30).

O resultado desses mecanismos pode ser uma "ligação compulsiva" (idealização) com determinadas pessoas ou então um "retraimento" (negação) em relação a elas. A maneira como ocorre uma projeção de um objeto interno excindido influencia a maneira como o próprio objeto interno correspondente ao excindido é vivenciado. Se predominar nas relações de objeto a agressividade, o resultado interno "é um enfraquecimento excessivo do ego, um sentimento que não há nada que o sustente e um correspondente aumento de solidão" (Klein, 1946-1963, p. 33). Voltamos assim à importância já frisada por Freud da pulsão de morte e do fator quantitativo na visão econômica do psiquismo.

Tanto a negação como a idealização costumam aparecer na clínica e se tornar determinantes na relação paciente-analista. A *idealização* é uma maneira de exagerar os aspectos positivos do objeto bom, como "salvaguarda contra o medo do seio perseguidor" (Klein, 1946-1963, p. 25). Já pela *negação* "o objeto mau não é apenas mantido separado do bom, mas sua própria existência é negada". Ao mecanismo de negação está ligado o sentimento de onipotência e equivale à aniquilação.

A partir desses pressupostos, podemos facilmente perceber que os mecanismos de defesa aqui apontados tornam-se elementos importantes na relação entre analista e paciente. Seu manejo pode determinar o sucesso ou o fracasso da terapia psicanalítica. Se o funcionamento psíquico "normal", assim como Klein o concebe, é baseado no equilíbrio entre introjeção e projeção, do qual depende a sucessiva integração do ego e a assimilação dos objetos internos, podemos deduzir que a cura consiste na ativação do equilíbrio entre processos projetivos e introjetivos. Esse equilíbrio deverá ser ativado, para o sucesso da análise, em primeiro lugar no analista e gradualmente no paciente, refletindo na dinâmica do próprio processo analítico.

Como vimos, um elemento particularmente crítico para o sucesso da clínica psicanalítica é ligado aos processos de identificação projetiva, mediante os quais o paciente tende a estabelecer algum tipo de controle sobre seu analista. Trata-se de mecanismos inconscientes particularmente sutis, que exigem, por parte do psicanalista, particular cuidado e um alto grau de continência e de capacidade de resistir à contratransferência.[58] É supérfluo dizer que isso só pode ser alcançado através de um processo de análise pessoal do próprio analista que lhe permita manter um controle sobre os elementos psíquicos e as fantasias internas alimentados pela identificação projetiva do paciente, evitando os efeitos negativos da contratransferência entendida em sentido restrito, ou seja, como expressão de sentimentos patológicos inconscientes do próprio analista.

Contudo, devemos observar que, tanto Bion como outros autores, acreditam seja possível usar de forma positiva, no contexto clínico, a identificação projetiva, que, no fundo, é uma forma de comunicação do paciente. Roger Money-Kyrle, citado por Eduardo Rocha (1999, p. 112-113), ao alertar sobre os possíveis efeitos negativos da contratransferência sobre o resultado

---

58. Sobre o tema da contratransferência cf. o estudo de Eduardo B. Rocha: "Wilfred R. Bion e os neokleinianos" (ROCHA, 1996, p. 107-129).

da análise, sugere como os mecanismos de defesa podem ser usados positivamente no contexto analítico.

"Creio que há uma oscilação razoavelmente rápida entre introjeção e projeção. À medida que o paciente fala, o analista vai como que ficando introjetivamente identificado com ele e, tendo-o compreendido dentro de si, reprojeta-o e interpreta-o. Mas penso que o analista está mais consciente da fase projetiva – isto é, a fase em que o paciente é o representante de uma parte antiga imatura ou doente de si próprio, incluindo seus objetos danificados, que ele pode agora compreender e, portanto, tratar através da interpretação, no mundo externo. Enquanto isso o paciente está recebendo interpretações efetivas, que o ajudam a responder com outras associações que, por sua vez, podem ser compreendidas. À medida que o analista pode compreendê-las, essa relação satisfatória – que chamarei de normal – persiste. Em particular, os sentimentos contratransferenciais do analista estarão limitados à empatia com o paciente, sobre a qual está baseado seu insight" (cf. Rocha, 1996, p. 112-113).

Para esse autor — observa Rocha — "a empatia e a capacidade de insight do analista, diferentemente de seu conhecimento teórico, dependem desse tipo de identificação parcial" (Rocha, 1996, p. 113), mas estão destinados a falhar, quando ativam núcleos não suficientemente elaborados do mundo interno do analista, do seu *self* arcaico.

Para concluirmos na identificação dos pontos de contatos entre a teoria kleiniana e nosso tema, gostaríamos de frisar que, no caso da inveja primária, o elemento decisivo do sucesso do processo terapêutico será, também para Klein, como já o era para Freud, o fator quantitativo, pois essa autora acredita que a inveja primária seja um mecanismo de certa forma inato, uma posição que será mantida em Bion e negada por Winnicott, para o qual o ambiente passa a ser o determinante decisivo.

Fantasias, imagens da memória e realidade

Mas vamos agora voltar à teoria kleiniana, para entendermos outro ponto importante. De acordo com sua visão, as fantasias participam do desenvolvimento inicial do ego em sua relação com a realidade. Essa relação se dá de forma gradativa e progressivamente passa a interagir com o mundo interno do bebê: as fantasias internas impulsionam o bebê em direção à realidade externa, que por sua vez fornece material para a fantasia e a memória. Dessa forma, gradativamente, as percepções externas começam a influenciar os processos mentais. "No começo, a psique lida com a maioria dos estímulos externos (...) por meio dos mecanismos primitivos de introjeção e projeção" (Isaacs, 1982, p. 122). Na medida em que a realidade externa frustra o bebê, ela é odiada e rejeitada. Sucessivamente, porém, pode ser investida pela libido e amada, compreendida e aprendida. Ao contrário, se prevalecer a pulsão de morte sob forma de inveja primária, a tendência será que se fixem os instintos agressivos.

Num processo normal de desenvolvimento, podemos dizer que o desapontamento da satisfação alucinatória é o primeiro estímulo para a aceitação adaptativa da realidade. Contudo, o adiamento da satisfação e a expectativa só podem ser suportados quando a realidade propicia uma satisfação dos impulsos instintivos. Tanto o pensamento de fantasia como o pensamento de realidade são modos distintos de obter satisfação, que supõem desejo, curiosidade e medo. Para Klein, porém, "o pensamento de realidade não pode operar sem a concorrência e apoio de fantasias inconscientes" (Isaacs, 1982, p. 124). Objetos que o bebê agarra e manipula estão investidos de libido oral. Se ele fosse inteiramente auto-erótico, como sustentava Freud, nunca aprenderia coisa alguma, pois a apreensão satisfaz desejos orais frustrados pelo seu objeto original.

M. Klein recorre ao conceito de *identificação primária,* definido por Ferenczi como o esforço do bebê para redescobrir em todos os objetos seus próprios órgãos e seu funcionamento. Da mesma forma compartilha a opinião de E. Jones, para quem é o princípio de prazer que torna possível equacionar dois objetos separados, estabelecendo um vínculo afetivo. A função simbólica habilita a fantasia a ser elaborada pelo ego e permite às sublimações se desenvolverem. É o processo de formação de símbolos que em grande parte libidiniza o mundo externo. São as fantasias que sustentam e promovem o interesse pelo mundo externo, facilitam a aprendizagem e fornecem a energia para organizar os conhecimentos. Tudo isso a partir de um processo que envolve controle, inibição e satisfação dos impulsos instintivos.

Posição esquizo-paranóide e posição depressiva

Para completar o quadro do funcionamento psíquico kleiniano, é necessário abordar uma tese que tende a traduzir a topologia freudiana do funcionamento psíquico numa perspectiva mais dinâmica. Para Klein, todo ser humano experimenta em seu funcionamento psíquico flutuações que se alternam entre duas posições, ambas combinando mecanismos de projeção e introjeção. A *posição esquizo-paranóide* é caracterizada pelo ataque ao objeto externo e pela conseqüente reintrojeção deste como perseguidor, gerando uma situação psíquica em que "a ansiedade persecutória e a agressão se reforçam mutuamente" (Klein, 1946-1963, p. 53). A ansiedade persecutória é predominante na fase mais arcaica da vida do bebê (primeiros três, quatro meses) e está relacionada ao fato de a criança perceber inicialmente o objeto externo (mãe) como cindido (seio bom e seio mau). Isso significa que o bebê, inicialmente, não consegue atribuir aspectos gratificantes e frustrantes ao mesmo objeto interno. Prevalecem portanto nessa fase a pulsão de morte, a inveja e os conseqüentes sentimentos agressivos. Contudo, já desde os primeiros momentos de vida, a pulsão de vida opera, favorecendo uma síntese entre amor e ódio, inclusive em relação aos *objetos parciais*.

A partir do momento em que o objeto começa a ser percebido como *objeto total* — que integra em si tanto os elementos bons como os maus —, começa a operar com mais força a ansiedade depressiva. Para Klein, "a base da ansiedade depressiva é a síntese entre os impulsos destrutivos e os sentimentos de amor em relação a um único objeto" (Klein, 1946-1963, p. 56). A posição depressiva é um processo que abre caminho entre os três e seis meses. Nesse período, tanto a mãe como o pai começam a ser percebidos como pessoas inteiras.[59] Numa situação de desenvolvimento normal, caracterizada por uma relação boa com os objetos externos (mãe, pai e outras pessoas do meio), o bebê experimenta uma diminuição da ansiedade persecutória e um crescimento da ansiedade depressiva. Ao perceber que agrediu e danificou uma pessoa amada, o bebê passa por sentimentos depressivos. O sentimento de culpa decorrente "leva a uma necessidade (...) de preservar, consertar ou ressuscitar os objetos amados: a tendência a fazer reparação" (Klein, 1946-1963, p. 57). A culpa portanto "está indissoluvelmente vinculada à ansiedade (mais especificamente, a uma forma específica de ansiedade: a depressiva); conduz à tendência reparatória e surge durante os primeiros meses de vida, em conexão com os estágios mais arcaicos do superego" (Klein, 1946-1963, p. 59).[60]

---

59. Por trás do seio bom e do seio mau, de acordo com M. Klein, a criança percebe também um pênis bom e um pênis mau.
60. Mais uma vez, constatamos que M. Klein se afasta da teoria freudiana clássica que vê a formação do superego vinculada à dissolução do complexo de Édipo, num estágio mais avançado do desenvolvimento humano (dos quatro aos seis anos).

O fim da análise

Segal se pergunta se a abordagem kleiniana introduziria alguma mudança sobre os critérios que determinam o fim da análise. Grosso modo, para ela, o fim da análise pode se considerar alcançado quando o processo terapêutico conseguiu "levantar a repressão (proporcionar) *insight* (compreensão interna), liberar o paciente de suas fixações e inibições primárias, e capacitá-lo a formar relações pessoais completas e satisfatórias" (Segal, 1982, p. 45).

Melanie Klein dedicou ao tema um artigo intitulado "Sobre os critérios para o término de uma psicanálise", publicado em 1950 (Klein, 1946-1963, p. 64-69). Nesse artigo, ela liga o êxito da análise ao sucesso em reduzir as ansiedades ligadas à posição esquizo-paranóide e à posição depressiva. Se "os conflitos e as ansiedades vivenciados durante os primeiros anos de vida foram suficientemente analisados e elaborados durante o curso do tratamento" (Klein, 1946-1963, p. 65), ocorrerá, através dos processos de síntese do ego, uma maior aproximação dos aspectos bons e maus dos objetos, favorecendo uma maior integração do objeto, e uma elaboração das posições esquizo-paranóide e depressiva, com uma conseqüente redução das ansiedades a elas relacionadas.

O fim da análise coloca o paciente diante de uma situação de luto (de perda), parecida com aquela vivenciada pelo bebê por ocasião do desmame, acentuando a posição depressiva. "O sofrimento inerente à posição depressiva está intimamente ligado a um *insight* crescente sobre a realidade psíquica, que por sua vez contribui para uma melhor compreensão do mundo externo" (Klein, 1946-1963, p. 66). Isso faz com que haja uma adaptação crescente à realidade e uma expansão das relações de objeto, desde que o paciente tenha conseguido "estabelecer com segurança seus objetos bons internalizados, ou seja, os aspectos úteis e protetores do superego" (Klein, 1946-1963, p. 66). Dessa forma, a relação com o superego deixa de pautar relações persecutórias ou idealizadas. "Objetos bons — distintos dos idealizados — podem ser estabelecidos seguramente na mente se a intensa cisão entre figuras persecutórias e ideais tiver diminuído, se os impulsos agressivos e libidinais tiverem se aproximado e o ódio tiver sido mitigado pelo amor" (Klein, 1946-1963, p. 69).

Klein considera, portanto, uma precondição para o desenvolvimento normal que as ansiedades persecutória e depressiva sejam reduzidas e modificadas (cf. Klein, 1946-1963, p. 67). Dessa modificação depende o sucesso da análise, que poderá ser avaliado tomando como critério o estabelecimento da heterossexualidade,[61] a capacidade de amar e de estabelecer relações de objeto, bem como a capacidade de trabalhar. Dentre os critérios de "cura", particular destaque é dado ao desenvolvimento do ego. Nesse sentido, Klein retoma o conceito freudiano de que uma excessiva adesividade do ego à libido, com a conseqüente predominância dos mecanismos de defesa (defesas maníacas), impede o sucesso da análise. Ao mesmo tempo, afirma que uma análise bem-sucedida trará como resultado "um aumento da força, bem como na profundidade do ego" (Klein, 1946-1963, p. 68), proporcionando ao paciente um contato saudável com suas emoções e fantasias, e possibilitando assim o *insight* criativo, vencendo a superficialidade.

Os elementos da construção kleiniana chamam a atenção e se tornam elementos importantes para o conceito de cura. Em primeiro lugar, emerge a importância da relação com o *objeto*, percebido inicialmente de forma cindida e, progressivamente,

---

61. Esse critério parece contradizer de certa forma a afirmação freudiana de que um dos critérios de cura seria superar a "repulsa da feminilidade" (cf. acima). Devemos contudo pensar na bissexualidade em termos de identificação simbólica e não estritamente sexual. Isso, na possibilidade de tanto o homem como a mulher desenvolverem atitudes ativas e passivas de acordo com o tipo de relação de objeto que se estabelece com o outro.

num processo de desenvolvimento psíquico saudável, como um ser total, que engloba em si aspectos bons e maus. Tanto Winnicott como Bion exploram profundamente esse aspecto em suas experiências clínicas, ao valorizar a realidade intermediária que se estabelece entre sujeito e objeto, num espaço relacional indefinido, porém carregado de valor psíquico, no qual o sujeito em sua relação com o outro desenvolve seu potencial criativo, superando os limites impostos por uma experiência psíquica frustrante e patológica, que adquire denominações diferentes, mas conotações parecidas (falso *self*, pulsão de morte, objeto beta).

É nesse espaço, extremamente peculiar, que se desenvolve o embate da cura. Melanie Klein frisa a importância que jogam as fantasias internas nesse espaço e descreve cuidadosamente os mecanismos de projeção e introjeção, que por sua vez adquirem particular intensidade transferencial na identificação projetiva. Freud já tinha frisado a importância desses fatores no processo de cura ao falar sobre a transferência e sobre a resistência, contudo, em Melanie Klein, esses mecanismos são inseridos com maior clareza no âmbito da relação do sujeito paciente com o sujeito analista, mostrando a complexidade psíquica de uma teia de relações em que as fantasias internas de ambos são envolvidas.

O processo de cura na terapia de abordagem kleiniana aponta para o fortalecimento da posição depressiva, mas creio que, em termos terapêuticos, seja igualmente importante a atenção dada ao processo de simbolização, que foi cuidadosamente analisado por Segal no ensaio "Notas a respeito da formação de símbolos" (Segal, 1982, p. 77-98).[62] O processo

---

62. Dedicamos a esse tema o ensaio "Esvaziamento dos símbolos: Psicanálise e cultura pós-moderna" (GIROLA, 2000), no qual retomamos alguns dos conceitos kleinianos aqui expostos e considerações extraídas da obra de Segal, apontando para algumas considerações de caráter clínico.

de simbolização de fato envolve a integração de elementos intrapsíquicos com elementos da realidade externa, num diálogo que envolve uma visão da psicanálise como uma estética, destinada a favorecer o diálogo entre o sujeito e a cultura.[63]

---

63. A leitura da obra de Ian Parker (1997) é fundamental para compreender a complexidade da questão da relação entre o sujeito e a cultura, no contexto das próprias raízes culturais da psicanálise.

Winnicott: rumo a uma clínica do *Self*

O conceito de *self*

A clínica do *self* representa um capítulo a parte no desenvolvimento da clínica psicanalítica. Embora não seja o objetivo abordar esse tema, é interessante ampliarmos o alcance deste estudo de caráter introdutório, focalizando algumas abordagens do conceito de *self* (ou *si-mesmo*) e, a partir de uma análise sucinta dos desafios que a formação do *self* enfrenta hoje, compará-las com um ulterior desenvolvimento da psicanálise, representado pela perspectiva winnicottiana.[64] O objetivo é ampliar as perspectivas da clínica psicanalítica até aqui apontadas e inseri-las num discurso que nos aproxime dos desafios enfrentados pelo homem contemporâneo. Embora algumas correntes da psicanálise frisem o caráter essencialmente imutável da clínica psicanalítica, seja qual for seu contexto histórico-cultural, parece interessante notar como a psicanálise pode dialogar com os diferentes desafios que se apresentam ao homem

---

64. A leitura do artigo "Saúde e doença" (WINNICOTT, 1999, p. 1-22) pode ajudar para compreender o quanto seja adequada, na perspectiva de Winnicott, a abordagem do *Self* como uma questão fundamental para a clínica.

de hoje, numa perspectiva dinâmica, atenta ao contexto social, cultural e histórico.[65]

Iniciemos com um rápido panorama que permita identificar diferentes conotações da noção de *self*, para depois ver em que sentido o *self* do homem contemporâneo é ameaçado e finalmente analisar a contribuição da abordagem de Winnicott, em sua especificidade.

Do ponto de vista filosófico, o conceito de *self* está de alguma forma relacionado ao conceito de *identidade*. Charles Taylor traça no livro *As fontes do self* um panorama abrangente sobre as raízes que levam à construção da identidade moderna. Não caberia na limitação deste livro uma análise detalhada dessa obra (Taylor, 1997). No entanto, parece-me interessante levantar, a partir das considerações desse autor, um elemento que tem sido considerado por muito tempo como fundante na constituição da identidade humana e que é hoje posto em discussão no contexto cultural contemporâneo. Refiro-me à crise das metanarrativas, para usar uma terminologia empregada pela corrente pós-moderna. Por trás dessa crise encontramos uma postura que tende a negar a possibilidade de uma fundamentação da ética no sentido clássico e, portanto, um questionamento sobre a possibilidade de se estabelecer um fundamento para a própria identidade humana.

---

65. Cf. neste sentido a obra *Psychoanalytic Culture* (Parker, 1997), cujo objetivo é fundamentar as considerações de Freud sobre o inconsciente e a *talking cure* no terreno da cultura e de considerar como suas teses criaram raízes, influenciando por sua vez as diferentes manifestações culturais. Parker observa que a psicanálise "emergiu num determinado momento histórico no âmbito do desenvolvimento do capitalismo ocidental, e que é um reflexo da esperança iluminista para a qual um exame racional do indivíduo e da cultura levaria a um aprimoramento de ambos" (1997, p. 110). Neste sentido, "reflete, comprime e reduz os fenômenos sociais no plano individual. (...) Ao mesmo tempo, sempre pairou a suspeita na comunidade psicanalítica que traços essenciais da vida psíquica inconsciente são realmente fenômenos simbólicos coletivos" (p. 27).

Como observa Taylor, surge uma desconfiança em relação aos grandes ideais, advinda da constatação foucaultiana de que elevados ideais éticos e espirituais costumam entrelaçar-se com exclusões e relações de dominação. Essas narrativas são importantes, pois representam um ponto de referência sobre o qual, por muito tempo, se moldaram as representações ligadas à identidade do homem (sobretudo no Ocidente) e, do ponto de vista psicanalítico, elas se relacionam à estrutura superegóica. O autor constata que a sensação de que os *hiperbens* (ideais supremos) podem sufocar-nos ou oprimir-nos levou à revolta naturalista contra a religião e a moralidade tradicionais, pondo assim em crise elementos que por muitos séculos foram considerados como fundamentais para a identidade humana. Se for verdade que "os mais elevados ideais e aspirações espirituais também ameaçam impor as cargas mais esmagadoras à humanidade" (Taylor, 1997, p. 661), podemos perguntar em que sentido esses *cálices envenenados* — para usar uma expressão do próprio Taylor — poderiam ainda contribuir, de fora para dentro, para a constituição do *self*. Ou será que o *self* só pode ser construído de dentro para fora? Neste caso, como acontece essa construção? Ainda, o *self* é uma criação essencialmente individual ou essa criação responde, de alguma forma, a um roteiro pré-definido, a uma ordem universal de essências? E, poderíamos acrescentar, o *self* tem algo a ver com o caráter, com a personalidade moral de uma pessoa? Embora todas essas questões sejam relevantes para a clínica psicanalítica, vamos por enquanto deixá-las em suspenso, para retomá-las no fim deste capítulo.

Em Hegel, o conceito de *self* funde-se com aquele de *autoconsciência*: "a consciência primeiro encontra a si mesma na autoconsciência (...) seu ponto crítico, onde ela deixa o espetáculo colorido do imediato sensível, sai do vazio escuro do supra-sensível transcendente e remoto, e entra para a luz diurna espiritual do presente".⁶⁶ Para William James o *self* se desdobra, sendo em parte objeto e em parte sujeito: "o meu *self* total, como se fosse duplo, em parte conhecido e em parte cognoscente [sic], deverá ter dois aspectos distintos que (...) podemos chamar um mim (*me*) e o outro eu (*I*)".⁶⁷ Essas primeiras definições nos mostram o *self* como a função psíquica que permite ao indivíduo dobrar-se sobre si mesmo, favorecendo a consciência de si mesmo, um conceito que, embora não seja usado aqui no sentido estritamente freudiano, de certa maneira, pode ser aproximado ao conceito de ego.

Norbert Wiley apresenta, no seu livro *O self semiótico*, uma concepção mais sofisticada (Wiley, 1996). Desenvolvendo conceitos já abordados por C. S. Peirce e G. H. Mead, ele chega à conclusão que o *self* combina a tríade temporal, semiótica e dialógica. Isso quer dizer que o *self*, no *plano dialógico*, se desdobra num *eu* que dialoga consigo mesmo (*você*), e que tem como referência um *mim*. No *plano temporal*, o *self* representa uma mediação em que essas três conotações se relacionam respectivamente no *presente (eu)*, no *futuro (você)* e no *passado (mim)*. No *plano interpretativo*, o *self* se desdobra no *signo*, no *intérprete* e no *objeto*, três dimensões semióticas que se relacionam (respectivamente) com as outras.

> "Os seres humanos são uma tríade de tríades e, além disso, as três se fundem em uma só. Enquanto fundidas, irei referir-me a elas de uma maneira dialógica abreviada, como eu, você, mim, embora os nomes mais precisos sejam eu-presente-signo, você-futuro-intérprete e mim-passado-objeto. Os seres humanos não são nenhum dos três (ou nove).

---

66. Trecho da obra *Fenomenologia do Espírito*, citado no verbete "Self" de MIELDS (ARNOLD et al., 1983, p. 290).
67. Citado no verbete "Self" de MIELDS (ARNOLD et al., 1983, p. 290).

> São os três juntos, incluindo tanto os elementos como as relações entre esses elementos. Os homens consistem em presente, futuro e passado; signo, intérprete e objeto; eu, você, mim; e todas as sobreposições, e capacidade de conexão, e solidariedade entre esses elementos" (Wiley, 1996, p. 223-224).

Citamos esse autor porque introduz o conceito de *self* que atua como elemento que integra várias instâncias do ser humano. No plano da estrutura temporal humana, ele integra o passado o presente e o futuro, uma dimensão particularmente interessante para as considerações que serão feitas a seguir. Da mesma forma, a introdução do *self* como estrutura semiótica é interessante porque projeta as atividades do *self* no campo simbólico, um campo que, como sabemos, é importante para a psicanálise. Por sua vez, a estrutura dialógica do *self*, introduz um diálogo interno entre diferentes instâncias da psique. Isso não somente permite o desdobramento do eu sobre si mesmo, mas também introduz uma instância do eu, o *mim*, que garante a continuidade objetiva, representando, em sua rigidez de objeto, uma referência quase superegóica, para usar uma terminologia psicanalítica.

O conceito de *self* na Psicologia Analítica de Jung

Antes de prosseguir, acredito seja interessante fazer uma breve alusão à Psicologia Analítica de Jung, pois o *Self* ocupa uma posição de destaque na obra desse autor. Como sabemos suas teorias não são consideradas psicanalíticas, mas, por outro lado, antes de ser considerado um dissidente, ele foi um dos principais discípulos de Freud, para o qual Winnicott tinha um profundo respeito.⁶⁸ No contexto da psicologia analítica, o termo *Self* indica o conjunto dos fenômenos psíquicos de um indivíduo. Por um lado o *self* integra os objetos da experiência, percebidos pela consciência, com os fatores que ainda permanecem inconscientes. Jung, no decorrer de sua obra, dá várias definições de *self*. Pieri as agrupa em onze categorias.⁶⁹

1. Si-mesmo como *lei moral do indivíduo*. Nesse sentido, se contrapõe ao superego, que Jung define como lei geral.⁷⁰ O ego pode estar em conflito tanto com o superego como com o *self*. O conflito do ego com a lei moral do si-mesmo gera um senso de inferioridade, que o si-mesmo tende a compensar na sua constante busca de equilíbrio, que resulta numa ampliação da personalidade, mediante a inclusão dos elementos inconscientes. Para Jung a consciência moral e a consciência de si são equivalentes e estão na base do processo de individuação e, portanto, do processo da análise. Criticando o (suposto) intuito adaptativo à realidade cultural da psicanálise freudiana, Jung afirma que, por

---

68. Ao fazer um breve apanhado sobre o conceito de *self* em Jung, Winnicott indica, como uma das melhores contribuições sobre o tema, o artigo de FORDHAM, M. "The empirical foundation and theories of the *self* in Jung's work". In: Journal of Analytic Psychology. (1963), 8 (cf. WINNICOTT, 1994, p. 370).
69. Para este conceito nos referimos ao verbete "Se" [si-mesmo] (PIERI, 1998) do *Dizionario junghiano* (publicado no Brasil pelas editoras Vozes e Paulus com o título: *Dicionário Junguiano*, 2002). Na exposição do conceito junguiano de *self*, uso o termo si-mesmo que é usado na tradução das obras de Jung em português para indicar o *self*.
70. O conceito de superego como lei geral pode parecer um tanto estranho para um psicanalista, pois para Freud o superego não se identifica pura e simplesmente com a lei e com as normas culturais, mas é uma instância psíquica, derivada de uma interiorização das figuras paternas e, portanto, carregada de elementos inconscientes. Um texto de Jung citado no verbete mostra, a nosso ver, uma compreensão do superego que não era exatamente aquela freudiana. Referindo-se ao fato do ego estar subordinado a instâncias superiores ele observa: "Tais instâncias não são *eo ipso* equiparáveis a uma consciência moral coletiva como Freud queria com o seu superego, e sim condições psíquicas a priori do homem, não empiricamente adquiridas" (PIERI, 1998, p. 653). A tradução dos textos citados é minha.

trás do homem, não temos a lei moral e tampouco a opinião pública, mas uma individualidade da qual ele é ainda inconsciente. Esse substrato inconsciente é justamente o self, do qual o ego é o expoente na consciência. O ego se relaciona ao si-mesmo como o objeto ao sujeito: "como o inconsciente, o si-mesmo é o ser a priori do qual emana o eu" (p. 653). "Enquanto inconsciente o si-mesmo corresponde ao superego freudiano" (p. 653), mas, uma vez liberado das projeções, ele deixa de coincidir com as opiniões dos outros e nos põe em contato com nosso verdadeiro eu. Nesse sentido, afirma Jung, "o si-mesmo opera como *unio oppositorum* [união dos opostos], dando lugar à mais direta experiência do divino psicologicamente concebível" (p. 653).

2. O si-mesmo, como *estado psíquico*, resulta na alienação de si, na realização de si ou, paradoxalmente, na renúncia de si (que supõe, porém, a aceitação de si).

3. O si-mesmo *relacionado com o processo psíquico*, resulta num conceito que se entrelaça com o anterior, no âmbito da gradual diferenciação das funções psíquicas.

4. O si-mesmo como *eu objetivo*: nesta acepção, o *self* indica aquilo que o indivíduo é realmente, em oposição ao conceito de *persona*, ou seja, ao seu papel social (a persona é uma espécie de máscara que o indivíduo veste para se relacionar com o contexto social).

5. O si-mesmo como *fator subjetivo*, regido pela antinomia si-mesmo/mundo, torna possível a consciência da relação sujeito/objeto, que supõe uma polarização e o afastamento do objeto. Nesse sentido o self constitui a consciência do sujeito, que se contrapõe ao eu. A verdadeira tarefa da terapia é ajudar o eu a encontrar o si-mesmo.

6. O si-mesmo como uma *estrutura psíquica totalizante* proporciona a integração de todo o psiquismo, permitindo a passagem da fragmentação para a unidade.

7. O si-mesmo *relacionado ao inconsciente coletivo*. Apesar de representar a essência da individualidade, o self, por estar

vinculado ao inconsciente, é também relacionado à construção do universal, do coletivo. Nos sonhos, em particular, o si-mesmo entra em contato com o inconsciente coletivo, que é a base do inconsciente individual e, portanto, do próprio *self*.

8. O si-mesmo como relação homem/mundo é o resultado da integração daquilo que é interno com aquilo que é externo e, ao mesmo tempo, daquilo que é consciente com aquilo que é inconsciente, sendo, portanto, *a meta da vida*.

9. O *si-mesmo como diferenciação* originária é relacionado com a diferenciação originária entre sujeito e objeto.

10. O si-mesmo e a *integração psíquica*. Em oposição ao fenômeno de cisão psíquica, o self está por trás do processo que integra os elementos conscientes e inconscientes do psiquismo humano, no plano do conhecimento e da ação.

11. O si-mesmo como união dos opostos representa a *reunificação paradoxal dos opostos*. Nesse sentido, é considerado o símbolo da tendência à unidade da psique. Essa união, contudo, não deve ser considerada como uma síntese, e sim uma *coniunctio*, uma conjunção na qual convergem consciente e inconsciente, luz e sombra, individual e coletivo, sujeito e objeto, corpo e psique, animus e anima etc. Isso significa que a totalidade do homem é paradoxal e somente pode ser descrita a partir de antinomias.

O conceito de *self* na Psicanálise

Em Freud a palavra *self* (*das Ich*) é usada com conotações diferentes, como observa o tradutor da versão inglesa das obras de Freud.

"Parece possível detectar dois empregos principais: um em que o termo distingue o eu (*self*) de uma *pessoa como um todo* (incluindo, talvez, seu corpo) das outras pessoas, e outro em que denota *uma parte específica da mente*, caracterizada por atributos e funções especiais (grifo nosso). Foi nesse segundo sentido que ele foi utilizado na elaborada descrição do 'ego' no primitivo 'Projeto' de Freud, de 1895 (Freud, 1950a, Parte I, Seção 14), e é nesse mesmo sentido que é empregado na anatomia da mente, em *O Ego e o Id*. Em algumas de suas obras intervenientes, particularmente em vinculação ao narcisismo, o 'ego' parece corresponder sobretudo ao 'eu' (*self*). Nem sempre é fácil, contudo, traçar uma linha entre esses dois sentidos da palavra".[71]

Na teoria psicanalítica, somente mais recentemente o conceito de *self* foi adquirindo uma conotação mais definida.[72] Kohut resume esses avanços no prefácio do seu livro *Análise do self*.

"Um avanço aparentemente simples, mas pioneiro e decisivo, na metapsicologia psicanalítica, a separação conceitual entre *self* e ego (Hartmann); o interesse na aquisição e na manutenção de uma 'identidade', bem como nos perigos aos quais este conteúdo mental (pré-)consciente é exposto (Erikson); a gradual cristalização de uma existência psicobiológica separada, fora da matriz da união de mãe e criança (Mahler); e algumas detalhadas e importantes contribuições clínico-teóricas (Jacobson) e clínicas (A. Reich) formuladas psicanaliticamente nos últimos anos – todo esse trabalho atesta o crescente interesse dos psicanalistas por um assunto que tendia a ser lançado para o segundo plano pelo farto material que contribuiu para a investigação do mundo dos objetos, isto é, para as vicissitudes dinâmicas e evolutivas das imagos, ou (...) das representações dos objetos." (Kohut, 1988, p. 14)

---

71. Cf. "Introdução do editor inglês" (FREUD, 1923, p. 19-20).
72. As considerações a seguir foram extraídas do verbete "Se" (cf. HINSIE, CAMPBELL, 1979, p. 686).

Para Kohut, as noções de *self*, ego, id, superego, personalidade e identidade refletem conotações conceituais diversificadas (cf. Kohut, 1988, p. 14). Ego, id e superego representam, na linguagem psicanalítica, uma conceituação abstrata do aparelho psíquico, portanto uma noção distante da experiência. Já o *self* representa uma abstração mais próxima à experiência, pois trata-se de "uma estrutura dentro da mente", *catexizada* com energia instintiva e com continuidade no tempo (Kohut, 1988, p. 14). Para esse autor, "representações do *self* estão presentes não somente no id, no ego e no superego, mas também dentro de uma única instância da mente" (Kohut, 1988, p. 14). Nesse sentido, podem existir, lado a lado, representações contraditórias do *self*. "O *self*, assim, bastante análogo às representações de objetos, é um conteúdo do aparelho mental, mas não é um dos seus constituintes, isto é, não é uma das instâncias da mente" (Kohut, 1988, p. 14). Não fica claro, contudo, como o *self*, sem ser um constituinte do aparelho mental possa tornar-se um *organizador das atividades mentais,* como o autor afirma mais adiante (cf. Kohut, 1988, p. 108).[73]

Ao *self* são atribuídas as representações de si. Como observam Gedo e Goldberg,[74] trata-se de uma organização psíquica permanente que exerce uma influência dinâmica sobre o comportamento, como já foi pontuado por Kohut. Essas representações constituem um sistema de lembranças que não podem ser confundidas apenas com simples conteúdos mentais, e também não são simples percepções registradas na memória (relação com o passado), mas, "em virtude de seus duráveis efeitos dinâmicos", devem ser compreendidas como uma realidade concreta, a personalidade organizada como um

---

73. Na realidade esse é um conceito que Kohut pega emprestado de Hartmann (1958 e 1964).
74. O texto citado no *Dizionario di psichiatria* foi extraído da obra de J. A. GEDO & A. GOLDBERG, *M* (1975).

todo.⁷⁵ A noção de *self*, portanto, não pode ser confundida em Psicanálise com a noção de ego, que é um conceito estrutural do aparato psíquico ligado à segunda tópica freudiana, cuja função é mediar as exigências do id, do superego e da realidade.⁷⁶

O *self* ameaçado

Em sua análise sobre os fenômenos culturais e estéticos que caracterizam a "condição pós-moderna", David Harvey (1992, p. 293),⁷⁷ observa que eles dependem da maneira mutável como tempo e espaço são percebidos, no fluxo da experiência humana. Levando-se em conta que essa é uma dimensão que se relaciona a uma função do *self*, como foi observado acima, parece-me importante analisar mais de perto as observações desse autor. O que caracteriza a nossa época, na opinião de Harvey, é uma *compressão da noção de tempo-espaço*, que ele relaciona com a tendência à superacumulação de bens e a uma aceleração do consumo iniciada no final dos anos 60. Para o homem contemporâneo, em poucas décadas, o tempo se encurtou e o espaço se estreitou. Ao lado de uma crescente concentração financeira, ocorreu uma descentralização dos centros de produção, acompanhada por uma nova concepção que tende a reduzir os tempos de giro em vários setores da produção.⁷⁸

---

75. Cf. o verbete "Se" in *Dizionario di psichiatria* (HINSIE, CAMPBELL, 1979, p. 687).
76. Essa é também a opinião de Winnicott (1994, p. 371).
77. Apesar de ter sido publicada em 1989, essa obra tornou-se um ponto de referência que me parece ainda válido para a compreensão da situação psíquica do homem contemporâneo.
78. Harvey cita, a título de exemplo, os sistemas de entrega just-in-time, voltados para a redução de estoques, uma tendência que as novas tecnologias de informação e o comércio eletrônico equacionam com a personalização do atendimento, centrada nas práticas do Customer Relationship Management (CRM), associada à Total Quality Management.

Tudo isso levou a "uma intensificação dos processos de trabalho e uma aceleração na desqualificação e requalificação necessárias ao atendimento das novas necessidades do trabalho" (Harvey, 1992, p. 257). Paralelamente, a aceleração na produção levou à aceleração na troca e no consumo de bens, aumentando consideravelmente a velocidade de circulação das mercadorias. Tudo hoje tende a acontecer *on-line*, as distâncias se encurtaram, os tempos se reduzem cada vez mais.

Por outro lado, observa Harvey, essa aceleração influencia de maneira determinante a maneira de pensar, ser e agir do homem contemporâneo. "A primeira conseqüência importante foi acentuar a volatilidade e efemeridade de modas, produtos, técnicas de produção, processos de trabalho, idéias e ideologias, valores e práticas estabelecidas" (Harvey, 1992, p. 257). Como já observamos na Introdução, o homem moderno é invadido pela difusa sensação de que tudo é volátil, efêmero e, pior ainda, descartável. Essa sensação é ainda mais intensa se observarmos o mercado financeiro, cada vez mais dominado por capitais fictícios numa ciranda que resiste ao discurso onipotente dos economistas e traz cada vez mais à tona uma sensação de profunda aleatoriedade sobre a qual parece repousar a economia mundial. Harvey dedica a essa análise o último capítulo de seu livro, cujas conclusões não vêm ao caso.

Ligado a esse fenômeno, observa Harvey, temos, por outro lado, a manipulação do gosto e da opinião, numa verdadeira manipulação do desejo, acompanhada por uma aceleração na produção dos signos, que alimenta a insaciável indústria cultural.[79] Ao lado da inflação de signos, temos um esvaziamento de significados, pois o símbolo tem cada vez menos a função de remeter a um significado e passa a ter muito mais

---

79. Cf., por exemplo, o capítulo "A indústria cultural: o esclarecimento como mistificação das massas" (ADORNO, HORKHEIMER, 1985, pp. 112-156).

um foco em si mesmo, adquirindo valor de simulacro e impondo, aos poucos, uma verdadeira ditadura do significante e uma sensação geral de vazio.⁸⁰ Trata-se de uma situação que, como aponta Jameson se refazendo ao conceito lacaniano de esquizofrenia como desordem lingüística, representa uma "esquizofrenia na forma de um agregado de significantes distintos e não relacionados entre si".⁸¹ Seus efeitos psíquicos são desastrosos, pois, se a identidade pessoal supõe "uma unificação temporal do passado e do futuro com o presente que tenho diante de mim", o esvaziamento do discurso remete a uma incapacidade de "unificar o passado, o presente e o futuro da nossa própria experiência biográfica ou vida psíquica".⁸² Com o colapso da cadeia significativa, a experiência se reduz a "uma série de presentes puros, não relacionados no tempo".⁸³ Como observam Deleuze e Guattari, "nossa sociedade produz esquizofrênicos da mesma forma como produz o xampu Prell ou os carros Ford, com a única diferença de que os esquizofrênicos não são vendáveis".⁸⁴

As novas Tecnologias da Informação (TI), por sua vez, trouxeram um cenário completamente novo, fascinante e ameaçador. Numa entrevista concedida à revista *Veja*, o psicólogo americano Larry Rosen, considerado um especialista no estudo da relação do homem com a tecnologia, faz algumas considerações interessantes (Rosen, 03/11/00, p. 11-15). Ele observa que nunca as pessoas tiveram acesso a tanta informação. De acordo com as estatísticas, o volume de informações disponíveis dobra a cada 72 dias. Tudo isso gera uma situação

---

80. A esse respeito Harvey remete aos trabalhos de Toffler e Simmel, sobre os impactos psicológicos da sobrecarga sensorial.
81. Citado por HARVEY (1952, p. 56). A análise à qual Harvey remete é extraída do artigo de JAMESON ([s/d], p. 53-92).
82. Citado em HARVEY (1952, p. 56).
83. Citado em HARVEY (1952, p. 56).
84. Citado em HARVEY (1952, p. 57).

de estresse. De certa forma, as observações de Rosen remetem à *compressão da noção de tempo-espaço* de Harvey, quando observa que a velocidade da tecnologia está alterando nossa percepção do tempo e nos leva a viver num constante estado de alerta, que gera ansiedade e nervosismo, uma situação psíquica que ele caracteriza como *tecnostress*. De acordo com Rosen, os limites entre trabalho e lazer tornam-se cada vez menos claros. Ocorre, diríamos, uma quebra de barreira entre interioridade e exterioridade. Os objetos do mundo externo são percebidos cada vez mais como invasivos. Ao mesmo tempo, o homem moderno torna-se cada vez mais dependente da tecnologia, gerando uma situação neurótica, que Rosen chama de *tecnose*.

A doença do *self*, um desafio para a atual clínica psicanalítica

Na linha psicanalítica, Gilberto Safra faz uma interessante análise das repercussões da cultura contemporânea sobre o psiquismo (Safra, 1999). Para esse autor, o mundo atual apresenta problemas e situações que levam o ser humano a adoecer em sua possibilidade de ser, levando-o a viver fragmentado, descentrado de si mesmo, impossibilitado de encontrar, na cultura, os elementos e o amparo necessários para superar suas dificuldades psíquicas. De acordo com sua experiência clínica, no consultório as queixas mais freqüentes seriam referidas "à vivência de futilidade, de falta de sentido na vida, de vazio existencial, de morte em vida" (Safra, 1999, p. 13). Para uma psicanálise acostumada à escuta do desejo, que aflora nos sonhos e se faz presente nos sintomas e no discurso, através dos mecanismos de recalque, deslocamento e condensação, surge um novo desafio: pacientes que nem mesmo se constituíram em sua possibilidade de desejar. Com esses pacientes, observa Safra, é necessário "constituir os aspectos fundamentais do seu *self*, que até então ficaram sem realização" (Safra, 1999, p. 13). E continua: "Mais do que um processo de deci-framento [sic] das produções do paciente, há uma apresentação do *self* em gestos e em formas imagéticas (formas sensoriais) (em nota o autor esclarece tratar-se de imagens sonoras, visuais, gustativas, tácteis) sustentados pela relação transferencial, na qual o indivíduo se constitui e se significa frente ao outro" (Safra, 1999, p. 14). Como observa o autor, percebe-se em tais pacientes uma "fome de amor", de uma experiência do *si-mesmo* que possibilite o surgir da subjetividade humana.

Como veremos a seguir, Winnicott, ao analisar o desenvolvimento primitivo do bebê, considera fundamental o encontro entre o mundo interno do bebê e o mundo externo, mediado pela figura materna, num contexto que ele denomina de *ilusão*. O fenômeno da ilusão faz com que a criatividade originária do bebê (ou do paciente) coincida com a percepção objetiva, num encontro entre objeto da realidade e *objeto subjetivo*, num espaço que não é nem dentro nem fora do sujeito.[85] Safra denomina essa experiência como uma situação de *qualidade estética*, através da qual "o indivíduo cria umas formas imagéticas, sensoriais, que veiculam sensações de agrado, encanto, temor, horror etc..." (Safra, 1999, p. 13, nota 3). Na presença de um *outro significativo* (figura materna ou analista), essa experiência faz com que o *self* se constitua, permitindo que a pessoa possa existir no mundo. Para que o eu possa se constituir e se tornar apto ao encontro com o *não-eu* (mundo externo), é necessária

---

85. Vale a pena frisar que para Winnicott "os mecanismos projetivos estão presentes no ato de *perceber o que está ali*, mas não são *a razão pela qual o objeto está ali*" (cf. CAPPS, 2001, p. 228). Winnicott acrescenta: "Na minha opinião, isto se distancia da teoria que tende a conceber a realidade externa unicamente em termos de mecanismos projetivos individuais" (cf. CAPPS, 2001, p. 228).

a mediação de uma mãe suficientemente boa, capaz de oferecer o mundo externo ao bebê, na medida em que o bebê se torna capaz de contê-lo, ou melhor, para usarmos a terminologia winnicottiana, de criá-lo.

A emergência do *self* na perspectiva psicanalítica de Winnicott

Acompanhar o desenvolvimento do *self* no âmbito da teoria winnicottiana é de extrema importância para compreender a peculiaridade de sua clínica, que, de alguma forma, tende a reparar os danos causados por um ambiente "não suficientemente" bom nos primeiros anos de vida do paciente, através da relação analítica (*maternagem*).

O bebê nasce, na concepção winnicottiana, com uma estrutura "sélfica" que é pura potencialidade, uma tendência à integração, mas para que essa tendência se realize é fundamental a presença de um ambiente favorável.[86] Em "Desenvolvimento emocional primitivo" (1945), Winnicott se pergunta em que época começam a ocorrer coisas importantes para a formação do bebê. Embora não descarte a possibilidade de que existam fatores importantes desde a concepção do bebê, ele acredita que, de fato, podemos inferir a primeira experiência importante somente a partir do nascimento, considerando as diferenças existentes entre bebês prematuros e bebês pós-maduros. É "ao final dos nove meses de gestação, (que) o bebê se torna maduro para o desenvolvimento emocional".[87] O desenvolvimento primitivo do bebê, na fase inicial, até os cinco meses, "é vitalmente

---

86. "Percebemos a importância vital da provisão ambiental, especialmente no início mesmo da vida infantil do indivíduo" (WINNICOTT, 1975, p. 97).
87. No artigo "Desenvolvimento emocional primitivo" (WINNICOTT, 1982, p. 273).

importante: (...) aí se encontra o esclarecimento na psicopatologia da psicose" (Winnicott, 1982, p. 274).

Inicialmente, o ser humano parte de um estado de não integração (*no integration*): não conhece o ambiente, não tem noção de tempo e espaço e não tem a noção do *eu*.[88] Trata-se de uma "capacidade inata que todo ser humano tem de se tornar não-integrado, despersonalizado e de sentir que o mundo é irreal" (Winnicott, 1982, p. 276). Nessa fase, corpo e psique ainda não se integraram, o corpo é percebido como externo.[89] A não-integração produz uma série de fenômenos de dissociação que, no bebê, são absolutamente normais, fazendo com que ele não identifique uma continuidade entre o bebê que dorme e o bebê acordado, entre a mãe que cuida e mãe, cujo poder, que está por trás dos seios, que ele quer destruir (cf. Winnicott, 1982, p. 277). A tendência a se integrar é ajudada por dois conjuntos de experiências: os cuidados maternos, que se concretizam nas experiências que envolvem manipular (*handling*) e sustentar (*holding*) o bebê, e também nas "experiências pulsionais agudas, que tendem a tornar a personalidade uma a partir do interior" (Winnicott, 1982, p. 276).

Para Winnicott, a psique individual só pode ter início num determinado *setting*, a partir do qual o indivíduo pode criar um meio ambiente pessoal que, sucessivamente, se tudo correr bem, transforma-se em algo semelhante ao meio ambiente percebido e, dessa forma, o indivíduo passa da dependência à independência.[90] Nessa fase, se o meio ambiente for invasivo, ou seja, se não houver uma adaptação ativa do meio às necessidades

---

88. "Postulamos uma não-integração primária" (WINNICOTT, 1982, p. 275). Essa tese é retomada mais tarde (1952), em "Psicose e cuidados maternos", com outras palavras: "Inicialmente, o indivíduo não é a unidade" (WINNICOTT, 1982, p. 378).
89. "Não importa para ele [o bebê] ser muitos pedaços ou um ser inteiro, viver no rosto da mãe [espelhado portanto] ou em seu próprio corpo, desde que, de tempos em tempos, ele se torne uno e sinta algo" (WINNICOTT, 1982, p. 276).
90. In "Psicose e cuidados maternos" (WINNICOTT, 1982, p. 379).

da criança, ocorre "uma distorção psicótica da organização meio ambiente indivíduo" e uma perda de sentido de *self*, que só é recuperado por um retorno ao isolamento (Winnicott, 1982, p. 380). Naturalmente, para que se instaure uma organização defensiva como repúdio à invasão ambiental, é necessária uma seqüência de experiências percebidas pelo bebê como invasivas. No caso de o processo de adaptação do ambiente às necessidades do bebê ser bem-sucedido, observa Winnicott, o bebê começa a ter alguma noção de tempo, por começar a lidar com experiências em que o ambiente externo é experimentado de forma processual, numa seqüência de eventos.

Winnicott fala freqüentemente de cuidados maternos e de mãe, pois acredita que a figura materna (ou de alguém que a represente de forma estável e consistente) seja fundamental nesse processo, cabendo ao pai a função de garantir a qualidade do *setting* que envolve inclusive a mãe. Acredito, contudo, que o cuidado materno possa incluir os cuidados do pai, exercendo nesse caso a função materna. Desde que se trate de uma experiência agradável não invasiva para o bebê, nada muda com relação à teoria de Winnicott, embora ele observe que o processo "fica imensamente simplificado, se apenas uma pessoa cuida do bebê, usando apenas uma técnica".[91]

Potencial criativo e elemento feminino na constituição do *self*

Na teoria winnicottiana, fruto de longos anos de consultório e de contato com pacientes adultos e crianças, inclusive psicóticos, alguns conceitos adquirem particular importância no processo de formação do *self*. Trata-se das noções de primeira mamata teórica (experiência da ilusão), criatividade, elemento feminino e elemento masculino, experiência da ilusão e objeto transicional. Gostaríamos de abordar de maneira resumida esses conceitos para compreendermos como eles se articulam na formação do *self* e como influenciam a experiência clínica.

A primeira alimentação teórica e a experiência da ilusão

A *primeira alimentação teórica* é uma experiência que surge a partir de uma necessidade do bebê (Winnicott prefere usar o termo necessidade ao termo impulso), que gera nele um estado de prontidão, ligado à sua criatividade primária, predispondo-o à alucinação. A mãe devotada (cf. Winnicott, 1982, p. 376), a partir de seu amor e de sua profunda identificação com o bebê (e isto é favorecido por um *setting* adequado), ao fornecer algo que o bebê espera, na hora certa, favorece a experiência da *ilusão*. A mãe, dessa forma, exerce a tarefa de proteger o bebê em relação ao mundo externo, fornecendo "o pedacinho simplificado de mundo que a criança, através dela, passa a conhecer" (Winnicott, 1982, p. 280). O momento da ilusão é "uma experiência que o bebê pode tomar, ou como alucinação sua, ou como algo que pertence à realidade externa".[92] No estado mais primitivo, "o objeto se comporta de acordo com as leis mágicas, isto é, existe quando é desejado" e desaparece quando não é desejado. Podemos dizer, portanto, que tudo o que é objetivamente percebido pelo bebê foi antes subjetivamente concebido no espaço da ilusão.[93] Trata-se de um *paradoxo*, o bebê cria o objeto, mas este não teria sido criado como tal se já não se encontrasse ali, graças a uma *provisão ambiental*

---

91. In "Desenvolvimento emocional primitivo" (WINNICOTT, 1982, p. 279).
92. In "Observação de bebês em situação estabelecida" (WINNICOTT, 1982, p. 279).
93. Cf. "Objetos transicionais e fenômenos transicionais" (WINNICOTT, 1982, p. 402).

suficientemente boa. Para entendermos o que isso significa, é necessário aprofundar o conceito de criatividade.

Criatividade, elementos masculinos e femininos, importância do brincar

A criatividade, na perspectiva winnicottiana, está relacionada "com a abordagem do indivíduo à realidade externa" e é marcada pelo ingresso do indivíduo na vida, a partir da primeira abordagem criativa dos objetos externos (cf. Winnicott, 1975, p. 98-99). Podemos portanto falar de uma criatividade primária, cujo desenvolvimento depende do meio ambiente. Winnicott estabelece uma diferença nas relações de objeto, caracterizada por um relacionamento que transita entre os elementos masculinos e femininos, entre o relacionamento ativo e o relacionamento passivo (adaptativo). Isso vai nos ajudar a perceber em que sentido é fundamental para o desenvolvimento do *self* a experiência da criatividade originária.

Em sua relação com o seio materno, o bebê transita entre duas experiências, uma ligada ao impulso instintivo que o leva a satisfazer sua necessidade, e outra ligada ao próprio seio, que possibilita ao bebê "tornar-se o próprio seio (ou a mãe), no sentido que o objeto é o sujeito" (Winnicott, 1975, p. 113). A criatividade é exercida no âmbito dos elementos femininos, na criação do *objeto subjetivo*, que é o objeto que ainda não foi repudiado como um fenômeno *não-eu* (ou seja, como um objeto externo). Para o bebê, nessa fase, o objeto se identifica com ele mesmo.

> "Aqui, nesse relacionamento do elemento feminino puro com o 'seio', encontra-se uma aplicação prática do objeto subjetivo, e a experiência a esse respeito abre caminho para o *sujeito objetivo* [grifo nosso], isto é, a idéia de um eu (*self*) e a sensação de real que se origina do sentimento de possuir uma identidade" (Winnicott, 1975, p. 114).

O sentimento de eu, o *self*, cresce somente na medida em que é experimentado um relacionamento baseado no sentimento de ser, a partir de uma identificação primária em que objeto e sujeito são um. "Tanto a identificação projetiva quanto a introjetiva originam-se dessa área em que cada um é o mesmo que o outro" e é a partir dessa relação de objeto do elemento feminino puro que se estabelece a experiência de *ser* (cf. Winnicott, 1975, p. 114). "Em contraste, a relação de objeto do elemento masculino com o objeto pressupõe uma separação" que marca o surgir do *objeto não-eu*, do objeto objetivado, uma relação que já supõe uma organização mental mais estruturada (cf. Winnicott, 1975, p. 115). A relação de objeto baseada no elemento feminino é focalizada no *ser*, aquela baseada no elemento masculino, no *fazer*. Evidentemente, nessa perspectiva, os elementos masculinos e femininos estão presentes tanto nos homens como nas mulheres. Uma mãe ansiosa, preocupada em "fazer" suas obrigações maternas, corre o risco de não possibilitar ao bebê esse encontro com o próprio ser, que o constitui como *self*. Poderíamos dizer o mesmo do analista, quando ele não consegue conter sua ansiedade e vincula o percurso analítico ao seu pretenso saber ou ao desejo de ver o paciente "curado", inserido nos padrões da "normalidade", apto portanto a "operar" no mundo, o que, evidentemente, é bem diferente de "ser" no mundo.

Na experiência da criatividade e na constituição do *self*, adquire particular importância o brincar. De fato é no brincar que o indivíduo pode ser criativo e é somente sendo criativo que o indivíduo descobre o eu (*self*) (cf. Winnicott, 1975, p. 80). De fato, Winnicott exclui que o *self* possa ser encontrado de outra forma.

> "O eu (*self*) realmente não pode ser encontrado no que é construído com produtos do corpo ou da mente, por valiosas que essas construções possam ser em termos de beleza,

perícia e impacto. Se o artista, através de qualquer forma de expressão está buscando o eu (*self*), então pode-se dizer que, com toda a probabilidade, já existe um certo fracasso para esse artista no campo do viver criativo. A criação acabada nunca remedia a falta subjacente do sentimento do eu (*self*)" (Winnicott, 1975, p. 81).

Para Winnicott a experiência do brincar não pertence só à criança, mas está ligada a qualquer atividade em que a criatividade primária busca expressão, inclusive na análise.

"(...) o brincar facilita o crescimento e, portanto, a saúde; o brincar produz os relacionamentos grupais; o brincar pode ser uma forma de comunicação na psicoterapia; finalmente a psicanálise foi desenvolvida como uma forma altamente especializada de brincar, a serviço da comunicação consigo mesmo e com os outros" (Winnicott, 1975, p. 63).

Para que o brincar aconteça é necessário um *espaço potencial* entre o bebê e a mãe (ou o paciente e o analista), um espaço que se situa entre o mundo interno e o mundo externo (Winnicott, 1975, p. 63). Somente nesse espaço é possível experimentar a *amorfia*, uma experiência que remete "a um estado não-intencional, uma espécie de tiquetaquear (...) da personalidade não integrada" (Winnicott, 1975, p. 81).[94] No brincar, o mundo pode ser construído e destruído, pois envolve o mundo interno e externo e os funde. Mais uma vez, contudo, é necessária a experiência de um meio ambiente adequado, suficientemente bom, para que possa acontecer uma forma de comunicação criativa que constitui a experiência do *self*.[95]

---

94. Cf. também p. 54.
95. Sobre o uso do brincar na clínica cf. a experiência relatada na mesma obra (WINNICOTT, 1975, p. 83-93).

Espaço potencial e objetos transicionais

É no *espaço potencial* da ilusão que se articulam as experiências com os objetos transicionais. O objeto transicional situa-se numa área intermediária de experimentação entre o objeto subjetivo e aquilo que é objetivamente percebido.[96] Não é raro perceber a importância desses objetos transicionais (um ursinho de pelúcia, uma fraldinha, um cobertor etc.) nos primeiros anos de vida da criança. De acordo com as observações de Winnicott, o *padrão* dos fenômenos transicionais começa a surgir dos quatro aos doze meses de idade. Esse padrão, estabelecido na tenra infância, pode persistir no decorrer da infância, de maneira que a criança continua a precisar de um determinado objeto (geralmente macio), para acalmar sua ansiedade. Aos poucos, na medida em que o bebê começa a dominar os sons, esse objeto adquire um "nome", freqüentemente significativo, pois está de alguma forma relacionado ao mundo adulto. No entanto, Winnicott esclarece que, em determinados casos, pode não existir um objeto transicional à exceção da própria mãe (Winnicott, 1982, p. 394).

O objeto transicional é importante porque representa, na mente da criança, o objeto da primeira relação (geralmente o seio materno). A relação com esse objeto é uma fase intermediária, que precede o teste da realidade, pois nela, o bebê passa do controle onipotente (mágico) do objeto subjetivo para uma forma de controle que envolve a manipulação. O objeto transicional supõe um *setting* específico, a área da ilusão, uma área que se situa "entre a criatividade primária e a percepção objetiva baseada no teste da realidade" (Winnicott, 1982, p. 402). Nesse sentido os fenômenos transicionais "representam os primeiros estádios do uso da ilusão, sem os quais não existe, para o ser

---

96. As considerações a seguir foram extraídas do texto de 1951 "Objetos transicionais e fenômenos transicionais" (WINNICOTT, 1982, p. 389-408).

humano, significado na idéia de uma relação com um objeto que é por outros percebido como externo a esse ser" (Winnicott, 1982, p. 402). Trata-se de objetos que se situam numa área neutra de experimentação, onde mundo interno e mundo externo se sobrepõem. Uma fase necessária para que possa acontecer a passagem para a *desilusão,* uma experiência geralmente associada ao desmame. Dessa forma, como diz Winnicott; "o palco está pronto para as frustrações" e para a aceitação da realidade (cf. Winnicott, 1982, p. 404).

Novidade da teoria de Winnicott

A teoria do desenvolvimento de Winnicott introduz um elemento novo em relação aos desenvolvimentos anteriores da teoria psicanalítica, inclusive da própria teoria kleiniana, da qual ele depende. Para Klein, os objetos internos vão se constituindo gradativamente através dos movimentos pulsionais do bebê, que começa a interagir com a realidade externa, num processo de projeção e introjeção (pulsão oral e anal). Para Klein, contudo, o acento cai sobre o mundo interno do bebê, restando ao mundo externo apenas confirmar ou contradizer suas fantasias internas que se originam a partir dos instintos (pulsão de morte e de vida). Para ela, o equilíbrio depende muito mais de uma capacidade inata do bebê de integrar os dois movimentos pulsionais, levando-o a se equilibrar gradativamente entre posição esquizo-paranóide e posição depressiva, num movimento que envolve, inicialmente, agressão ao objeto percebido como cindido, e, num estágio de desenvolvimento sucessivo, quando o objeto pode ser percebido em sua totalidade, culpa e reparação.

Winnicott, embora assuma vários elementos da teoria kleiniana, discorda abertamente da tese do inatismo e não aceita o conceito de pulsão de morte.

"Segundo meu ponto de vista, tanto Freud como Klein desviaram-se (...) e refugiaram-se na hereditariedade. O conceito de instinto de morte poderia ser descrito como uma reafirmação do princípio do pecado original. Já tentei desenvolver o tema de que tanto Freud quanto Klein evitaram, assim procedendo, a implicação plena da dependência e, portanto, do fator ambiental. Se a dependência realmente significa dependência, então a história de um bebê individualmente não pode ser escrita *apenas* (grifo nosso) em termos do bebê. Tem de ser escrita *também* (grifo nosso) em termos da provisão ambiental." (Winnicott, 1975, p. 102).

Podemos entender, a partir desse texto, o quanto a provisão ambiental seja importante também na clínica winnicottiana. Mesmo mantendo o conceito de fantasia e de objeto interno, Winnicott introduz a idéia de que há um enriquecimento do mundo interno a partir do mundo externo e isso permite ao indivíduo enfrentar o imenso choque da perda da onipotência. A respeito da fantasia, ele observa que não é algo que o indivíduo cria para lidar com as frustrações da realidade externa, a fantasia é "mais primária que a realidade e o enriquecimento da fantasia com as experiências do mundo depende da experiência da ilusão" (Winnicott, 1982, p. 280). No entanto, para que a ilusão se produza, "é necessário que um ser humano se dê ao trabalho de trazer o tempo todo o mundo até o bebê, de forma compreensiva e de maneira limitada" (Winnicott, 1982, p. 280). Dessa forma, o *objeto subjetivo,* criado pela atividade alucinatória do bebê, passa a relacionar-se gradativamente a objetos objetivamente percebidos, mas sempre a partir de uma provisão ambiental suficientemente boa. "Não há possibilidade alguma de um bebê progredir do princípio de prazer para o princípio de realidade ou no sentido, e para além dela, da identificação primária a menos que exista uma mãe suficientemente boa".[97] Uma mãe é boa na medida em que é capaz de se adaptar ativamente às necessidades do bebê, reduzindo gradativamente essa capacidade à medida que o bebê se torna capaz de tolerar a frustração. O mesmo diga-se para um bom analista.

O conceito de cura em Winnicott

Antes de concluirmos nossas considerações sobre a noção de *Self* e sua importância para a clínica psicanalítica, gostaríamos de analisar alguns textos, publicados após a morte de Winnicott, sob o título "Saúde e doença" (Winnicott, 1999). Em particular, uma palestra de 1970, intitulada "Cura", traz algumas considerações interessantes para o nosso tema.

Em primeiro lugar, como já foi observado na Introdução deste livro, Winnicott evidencia a existência inicial de um denominador comum entre a prática da medicina e aquela religiosa, no que diz respeito ao conceito de cura, entendida como *cuidado*. Essa visão, no entanto, teria sido sobrepujada por uma concepção médica de erradicação da doença e, nesse sentido, a cura como "bem-sucedida erradicação da doença e sua causa, tenderia hoje a se sobrepor ao cuidado" (Winnicott, 1999, p. 106). A tendência, diante da concepção médica, é frisar a importância do saber especializado como fator importante de cura. No entanto, para Winnicott, o que está em jogo na relação analítica não é uma relação hierárquica,[98] entre o suposto saber do psicanalista e a ignorância do paciente, e sim uma condição de *dependência*, que brota da própria situação de "doença". A análise é um processo terapêutico que envolve um

---

97. In "Observação de bebês em situação estabelecida" (WINNICOTT, 1982, p. 151).
98. "Há um lugar para hierarquias na estrutura social, mas não no confronto clínico" (WINNICOTT, 1999, p.109).

paciente e um profissional, no entanto, paradoxalmente, no confronto clínico "o pressuposto de uma posição de cura também é uma doença" (Winnicott, 1999, p. 109). Ao experimentar sua fraqueza, sua dependência, o paciente procura no analista *confiabilidade,* mas, para isso, o próprio analista deve poder aceitar sua própria dependência. "A psicanálise não se resume a interpretar o inconsciente reprimido; é, antes, o fornecimento de um contexto profissional para a confiança, no qual esse trabalho pode ocorrer" (Winnicott, 1999, p. 108). A cura remete portanto ao cuidado *(caring), que* passa pela *empatia* (saber colocar-se no lugar do outro), por um senso de *gratidão para com o outro* e pelo amor, que se traduz na atitude materna do segurar *(holding),* proporcionando ao paciente um ambiente facilitador, que possa ser por ele habitado.[99]

O *curar-cuidar,* por parte do analista, assume algumas características concretas: exclui qualquer julgamento sobre o paciente; não tem medo da verdade, inclusive sobre a própria ignorância e dependência; supõe profissionalismo, no sentido de garantir um *setting* adequado e seguro; supõe continência emocional, para suportar tanto o ódio como o amor do paciente; e, finalmente, supõe saber tolerar a crueldade de ter de impor certos sofrimentos ao paciente (parecida com a crueldade do desmame).

Ao proporcionar um ambiente facilitador adequado, o analista contribui para que se estabeleça no paciente a saúde, que se traduz em uma "maturidade relativa à idade do indivíduo" (Winnicott, 1999, p. 4). A aquisição da saúde está ligada, como já vimos, à aquisição de um senso do *self,* pois "a partir do ser, vem o fazer, mas não pode haver *fazer* antes do *ser*" (Winnicott, 1999, p. 7). Assim como a mãe suficientemente boa, o analista ajuda o paciente a distinguir mais claramente

---

99. Os pressupostos do curar-cuidar são discutidos por Winnicott no mesmo artigo (1999, p. 108-114).

"entre o eu e o não-eu, entre o real compartilhado e os fenômenos da realidade psíquica pessoal". No contexto da ilusão, proporcionado pelo *setting* analítico, o paciente, ao criar o objeto que já está lá, ao aceitar este paradoxo insolúvel, numa mediação entre mundo interno e externo, acaba fazendo os devidos ajustes adaptativos. O resultado "é uma continuidade da existência, que se transforma num senso de existir, num senso de *self*, e finalmente resulta em autonomia" (Winnicott, 1999, p. 11). No entanto, Winnicott, afastando-se da posição que concebe a saúde como normalidade funcional, deixa bem claro em que sentido o processo adaptativo ao contexto externo pode deixar de ser saudável: "uma identificação extremada com a sociedade, acompanhada de perda do *Self*, e da importância do *Self*, não é normal de modo algum" (Winnicott, 1999, p. 9-10). "Embora o falso *self* seja uma defesa eficaz, não é um componente da saúde" (Winnicott, 1999, p. 17).[100] Para Winnicott, "o mundo interno de uma pessoa saudável relaciona-se com o mundo real ou externo, e mesmo assim é pessoal e dotado de uma vivacidade própria" (Winnicott, 1999, p. 14). Nesse sentido, "a fuga em direção à sanidade não é sinônimo de saúde", pois a saúde "é tolerante com a doença; na verdade, a saúde tem muito a ganhar quando se mantém em contato com a doença" (Winnicott, 1999, p. 15-16).[101]

---

100. Embora no contexto de uma hermenêutica mais sociológica, Erich Fromm critica também a tendência de fazer da teoria psicanalítica uma teoria adaptativa, fazendo com que deixe de ser uma teoria radical. O título do capítulo é auto-elucidativo: "Por que a psicanálise se transformou de teoria radical em teoria da adaptação?" (FROMM, 1979, p. 184-191).
101. Casement alerta sobre a atuação do falso *self* ("falso eu") no âmbito do próprio processo psicanalítico, levando o paciente a uma falsa melhora, que manifesta o desejo de "agradar" o analista em resposta à contratransferência produzida pelo desejo do analista, que se manifesta como necessidade de ser estimado (CASEMENT, 1987, p. 186). Nesse sentido ele retoma a tese bioniana de que o analista deve atuar sem memória e sem desejo, respeitando a individualidade do paciente, marca registrada da psicanálise, evitando o desejo de curar ou de influenciar, a lembrança ativa da sessão anterior, e a ilusão de compreender em termos do que é teoricamente familiar (cf. CASEMENT, 1987, p. 33).

A importância clínica do *self*

A partir das considerações feitas até aqui, podemos agora abordar as questões apresentadas no início deste capítulo. Em primeiro lugar, perguntávamo-nos se o *self* é construído de fora para dentro, ou se é construído de dentro para fora. Jung chama a atenção para o valor *individualizante*, por assim dizer, do *self*, pois é a partir do *self* que o processo de individuação acontece mas, ao mesmo tempo, ele estabelece uma ponte entre o *si-mesmo* e o universal, o coletivo. Seu conceito de universal, contudo, não está relacionado ao mundo externo e aos seus padrões morais, ideais e leis gerais, rejeitados pelo homem contemporâneo como *cálices amargos*, fonte de exclusão e de discriminação, como faz notar Taylor. Por estar ligado à concepção de inconsciente coletivo, o *self* junguiano nada tem a ver com esses referenciais que apontam para um ser humano ideal, ora a partir de uma pretensa possibilidade de perscrutar a essência do ser e as leis universais de origem divina; ora duvidando dessa possibilidade, mas acreditando numa idéia de homem que se vai formando ao longo dos séculos, e que, por sua vez, é construtora da consciência humana; ou, de um homem que se faz a partir da história; ou ainda de um homem que se faz a partir das próprias estruturas da linguagem. O conceito de inconsciente coletivo traz uma instância nova, que supera a consciência limitada do eu. O *self* seria, nesse sentido, um portal que abre a consciência sobre um universo *Inconsciente* inexplorado, no qual os opostos se unem e o indivíduo se percebe como único e, ao mesmo tempo, como parte de uma energia vital poderosa.

A visão junguiana nos permite postular a existência de uma instância psíquica que faz a ponte entre o interno e o externo, entre o mundo da consciência e o inconsciente, tendendo à integração de elementos inicialmente dissociados no âmbito psíquico individual. Nesse sentido, ele recupera o sentido dialógico do *self* analisado por James e Wiley, que por sua vez retoma Pierce e Mead. Esse núcleo psíquico, contudo, não condena o homem ao individualismo, pois ele está estritamente relacionado a uma dimensão mais ampla, coletiva e, de certa forma, universal. Trata-se de uma identidade que nada tem a ver com padrões morais e culturais, mas relacionada a algo mais profundo, mais essencial, ao qual os padrões morais também estão submetidos. Poderíamos chamar isso de natureza humana? O termo está sem dúvida desgastado por séculos de contendas filosóficas. Talvez, possamos falar num núcleo vital primário, inconsciente, que de vez em quando atinge a consciência e se expressa em formas culturais definidas, na linguagem, na história e em sistemas éticos determinados.

O *self* seria portanto o elo que introduz o indivíduo nessa experiência vital, fazendo com que ele se perceba como existente e não apenas existido, vivo e não apenas vivido, por alguém ou por algo externo a ele. A contribuição de Winnicott é fundamental para perceber a maneira como o *self* se constitui. O ser humano só pode chegar a ser ele mesmo, a partir de um olhar, de um outro, que possa espelhar sua criatividade primária, num outro que o ajude a perceber que ele *existe,* no sentido literal da palavra (emergir do ser). Sem fazer a experiência de poder criar o ser, o homem não passa a existir como indivíduo. Ele poderá ser existido, desenvolvendo aquilo que Winnicott e outros definem como falso *self*, sendo um *espectral*, como diria Safra. Podemos arriscar-nos a dizer que uma verdadeira moral deve aproximar o ser humano dessa experiência primária e não apenas se tornar um *código* (no sentido usado hoje pela informática), uma programação para executar uma tarefa no mundo. Uma moral verdadeira deve pôr o ser em contato com a possibilidade de criar a partir do que já foi criado pela história humana, no decorrer dos séculos. Essa primeira abordagem permite a sucessiva, que supõe a frustração e a adaptação. Nesse caso, porém, a adaptação não é uma experiência de *self* alienado, mas pode tornar-se uma experiência de realização do *self*, que, como Jung dizia, uma vez que se reconhece, pode até renunciar a si mesmo.

Como parece insinuar Freud, podemos ainda conceber o *self* como uma parte específica da mente, caracterizada por atributos e funções especiais. Além de permitir uma ponte entre consciente e inconsciente, uma função importante do *self* é estabelecer a *continuidade temporal*, que garante ao indivíduo a unidade para além da fragmentação do espaço e do tempo. Como esclareceu Wiley, essa função se estende à possibilidade do ser humano se relacionar com a atividade simbólica, integrando em si o objeto, o significado e o próprio intérprete.

Perguntávamo-nos, no início deste capítulo, se o *self* tem algo a ver com o caráter, com a personalidade moral de um indivíduo. De certa forma diríamos que sim, pois o *self* é a maneira única de uma pessoa existir no mundo. Inclusive uma maneira criativa de abordar as instâncias morais, no emergir da estrutura superegóica.[102] Isso evidentemente supõe uma capacidade por parte do *self* de fazer a ponte entre consciente e inconsciente, de entrar em contato com os conteúdos internos e de elaborá-los, numa compreensão sempre nova, numa capacidade paradoxal de integrar elementos opostos: instintos de vida e de morte, desejos inconscientes e instâncias da realidade, objetos internos e objetos externos, as fantasias internas e a ambígua opacidade da realidade externa.

Este, diga-se de passagem, é, a nosso ver, o papel da análise hoje. Contudo, não quero dizer que a pessoa se constitui a partir de normas e leis morais externas. A identidade pessoal é muito mais que isso. Uma relação *sélfica* com o meio ambiente é muito mais complexa. Como frisa Winnicott, ela surge de uma criação

---

102. A minha tese de certa forma é parecida à que sustenta Sartre no artigo "O existencialismo é um humanismo?".

original, inicialmente a partir da alucinação e, depois, de um brincar com a matéria amorfa, num emergir criativo de *objetos internos*, subjetivamente criados e, aos poucos, descobertos, na relação com o meio ambiente, em sua consistência objetiva de *objetos não-eu*. E aqui entra um elemento importante. A identidade pessoal do *self* se constrói na relação. Não numa relação abstrata com o meio ambiente, mas numa relação pessoal, marcada pelo amor, pela capacidade do meio ambiente conter o sujeito e interagir com ele de forma adequada, no respeito de sua criatividade originária e única. Um meio ambiente que não seja invasivo, que saiba respeitar o devaneio e o brincar.

Podemos vislumbrar nisso não apenas uma indicação pediátrica para as futuras mães, mas também um padrão educativo e curativo que deve continuar na escola, chegando a informar as relações de trabalho e as relações entre os vários grupos sociais, étnicos e religiosos. Utopia? Poderia tratar-se de uma utopia se estivéssemos falando de algo abstrato, no entanto, estamos falando do ser humano em sua concretude, estamos falando da possibilidade de o homem tornar-se humano.

Winnicott postula um ambiente suficientemente bom, para que o *self* possa se constituir. Percebemos pelas análises de Harvey e Rosen que o nosso ambiente está longe de ser suficientemente bom. Ele é invasivo, ameaçador, priva o homem do seu desejo e o joga numa situação de *no sense,* de esvaziamento de sentido, de não realidade, situações que Gilberto Safra descreve com pertinência a partir de sua experiência clínica. Cabe a pergunta se, para uma mãe que vive nesse contexto, permanentemente invadida pelo mundo externo, ainda é possível efetuar a mediação, ser continente, controlando o estresse e a ansiedade.[103] Dito de outra forma, num mundo onde tendem a se impor padrões de comportamento cada vez mais

---

103. O mesmo diga-se para o analista.

psicóticos (uso este termo levando em conta a perda da dimensão de realidade que está envolvida nos fenômenos acima analisados), o ambiente, e em particular quem exerce a função materna, arrisca não poder proporcionar ao *self* em construção um habitat adequado e "suficientemente" bom. O resultado é a construção do falso *self* que, ao multiplicar-se, cria um inferno dantesco, onde a humanidade está em busca de algo que parece ser irremediavelmente perdido no faiscar dos anúncios publicitários, nos estereótipos de comportamento, no ir e voltar caótico e sem sentido do trânsito, no pulsar dos bits e na perda de sentido dos bytes. Parafraseando Dante Alighieri, nosso destino parece ser caminhar nessa imensa selva obscura, dominada pelo fantasma da violência, onde o caminho (do *self*) foi perdido.

Um encontro com Bion

Bion: uma abordagem original da psicanálise

Depois do encontro com diferentes autores que se aproximaram da psicanálise de forma criativa, dando origem às várias abordagens que hoje conhecemos e sobre as quais tecemos algumas considerações nos capítulos anteriores, a partir do conceito de cura, é possível perceber que cada encontro vai abrindo novos horizontes. De início, há a preocupação de entender, de encaixar uma coisa na outra, de "dar um sentido" ao emaranhado de sem sentidos que parecem ser a teoria psicanalítica e o próprio psiquismo humano, mas, depois de caminhar, depois de vislumbrar as paisagens que se vão esboçando nas fronteiras da Psicanálise, percebemos que não chegamos à "terra prometida", ainda estamos perambulando no deserto, embora enriquecidos de uma série de experiências extremamente desafiadoras.

Para falarmos brevemente desse autor, usamos propositalmente o título "Um encontro com Bion". De fato, de acordo com a própria maneira de pensar de Bion, poderia haver outros encontros, tão diferentes como diferentes são nossos sintomas neuróticos e nossos funcionamentos psicóticos. Desde o início, quem lê Bion percebe estar diante de uma maneira de pensar absolutamente original. Penetrar seu pensamento não é fácil, pois sua obra apresenta um alto grau de complexidade. Para nossos fins, tocaremos em alguns pontos importantes para ampliar a compreensão do tema "cura". Trata-se de alguns conceitos fundamentais do pensamento desse autor, que nos permitirão inclusive entender por que o tema cura é considerado por muitos psicanalistas um tabu. À diferença do que foi feito nos capítulos anteriores, aqui analisaremos apenas alguns fragmentos do pensamento bioniano, sem nenhuma pretensão de uma exposição sistemática. Esperamos que as considerações a seguir ajudem a entender por que foi adotada essa perspectiva.

A turbulência emocional

Diz Bion: "Nenhuma narrativa com pretensões de ser uma exposição de fatos (...) merece, realmente, enquadrar-se na categoria de 'descrição factual' do ocorrido" (Bion, 1994, p. 9-10). E continua: "Não atribuo à memória a importância que comumente lhe é conferida" (Bion, 1994, p. 10). O motivo é simples: as distorções involuntárias, que a própria Psicanálise aponta como inevitáveis, tornam improvável qualquer relato factual. Nossa leitura do real é sempre mediada por nossa compreensão interna, filtrada por fantasias inconscientes. Isso evidentemente se aplica a todas as aproximações do real, inclusive à tentativa de compreender um autor, como no nosso caso. A memória seria, portanto, "tão-somente uma comunicação pictórica, de uma experiência emocional" (Bion, 1994, p. 10), uma formulação verbal de imagens sensoriais.

À primeira vista esta pode parecer uma constatação inocente e óbvia, mas, se levada a sério, ela desestabiliza todo o saber, pois insere à base de qualquer formulação verbal a desconfiança de que se trate apenas de uma representação interna e, em última análise, de um expediente para fugir da angústia do vazio que rodeia nossa ignorância. A ilusão de ter captado o real, o factual seria nesse caso apenas uma tentativa psicótica de fugir do desafio que o factual nos impõe. Pois, na realidade, o que se quer evitar é entrar em contato com a *turbulência emocional* que se situa à base da ignorância acerca do factual.

Bion dedica à *turbulência emocional* à qual me refiro um interessante artigo (Bion, 1987), no qual constata que o ser humano abomina o vazio. Por essa razão, "ele vai tentar preenchê-lo encontrando alguma coisa que entre naquele espaço que foi revelado pela sua ignorância" (Bion, 1987, p. 129). O problema, de fato, é saber tolerar a frustração, o senso de vazio e a angústia que a ignorância nos impõe. Nesse sentido, se a frustração não for suportada, alerta Bion, todo saber "científico" pode tornar-se um simples tapa-buraco, incluso a Psicanálise. Isso nos leva a perceber por trás da complexa trama do pensamento bioniano, que há não apenas uma simples teoria, mas uma postura existencial extremamente desafiadora, que questiona inclusive nossa abordagem do saber psicanalítico.

A postura clínica bioniana

Compreender Bion torna-se, portanto, um desafio a não querer "possuir" seu pensamento, a aceitar a ignorância, o não saber, inclusive psicanalíticos. Isso nos ajuda a compreender um pouco mais sua postura clínica, em que desejo e memória são questionados. Um bom analista deve saber ser tolerante à frustração, sabendo "suspender" sua memória e seu desejo. "Não há lugar para o desejo na análise; não há lugar para a memória (...). O desejo de ser um bom analista é um obstáculo para que se seja um analista".[104] Embora bastante conhecida e citada, essa frase não deixa de ser paradoxal e desafiadora. Isso significa, por exemplo, que o analista deve prescindir na análise do desejo de "cura", mesmo porque o conceito de cura, se entendido num sentido médico, implica no conceito de sanidade e na tentativa de encaixar o paciente num esquema teórico de sanidade. A presença do desejo também cria uma cisão, excluindo tudo o que não se encaixa no desejo do analista, e reduzindo assim o campo da escuta. Existe depois a tentação de encaixar o que o paciente está dizendo nas teorias aprendidas, disparando, a seguir, em cima dele, uma "interpretação" cientificamente correta, baseada em alguma memória psicanalítica.

A teoria sobre o pensar de Bion

No ensaio intitulado "Uma teoria sobre o pensar" (1962), Bion aborda a gênese do pensamento e de sua expressão através da linguagem, retomando os elementos fundamentais da teoria kleiniana e ampliando-os numa nova perspectiva. Trata-se de temas que estão presentes de forma marcante em sua clínica, cujo objetivo no fundo é exatamente possibilitar no paciente a capacidade de pensar. Poderíamos dizer que nisso consiste a "cura" para esse autor.

Os pensamentos, na perspectiva bioniana, são marcados por uma história evolutiva que envolve a pré-concepção, a concepção, o pensamento e, finalmente, o conceito. Os ingredientes da química do pensamento são os dados sensoriais, captados no processo de *realização* (percepção sensorial da realidade), as emoções a elas relacionadas e a tolerância à

---

104. In "Comentário" (BION, 1994, p. 174).

frustração. A combinação desses elementos determina a capacidade de pensar.

A **pré-concepção** é associada pelo próprio Bion ao conceito kantiano de "pensamento vazio", trata-se de uma disposição inata ao ser humano de ser permeável às impressões sensoriais. Quando essa disposição inata se une a uma "realização", o resultado é uma concepção. O que caracteriza a **concepção** é o fato de ela estar invariavelmente associada a uma experiência emocional de satisfação. Para que o processo seja bem-sucedido, tanto na formação da concepção, como do pensamento, é necessário um elemento fundamental, a tolerância à frustração. Saber tolerar a ausência do objeto desejado, sua ambigüidade e a não-realização do desejo, imposta pela realidade, é a condição fundamental para o pensar, caso contrário, teremos funcionamentos psíquicos de tipo psicótico, associados à incapacidade de pensar.

> "Se a intolerância à frustração predominar, tomam-se medidas para fugir da realização, através de ataques destrutivos. (...) À medida que a pré-concepção e a realização se unem, formam-se concepções (...) mas estas são tratadas como se fossem indistinguíveis de coisas em si, sendo evacuadas (...). A predominância da identificação projetiva faz com que se confunda a distinção entre self e objeto externo. Tal fato contribui para a falta de qualquer percepção de dualidade, já que essa percepção está condicionada ao reconhecimento da diferenciação entre sujeito e objeto. (...) As concepções, ou seja o resultado de uma união entre uma pré-concepção e sua realização, repetem, sob forma mais complexa a história da pré-concepção. A concepção não encontra necessariamente uma realização que dela se aproxime o bastante de modo a satisfazê-la. Caso se tolere a frustração, a união da concepção com as 'realizações', sejam elas negativas ou positivas, dá início a procedimentos necessários a aprender com a experiência" (Bion, 1962, p. 130-131).

Nos casos em que a intolerância à frustração não se caracteriza como uma fuga da realidade — com o conseqüente povoamento da mente de objetos bizarros que não conseguem se tornar concepções —, mas como uma intensa resistência que torna insuportável a aceitação do princípio da realidade, a personalidade desenvolve a onipotência. Nesse caso, não há "qualquer atividade psíquica para discriminar o verdadeiro do falso, por uma afirmação ditatorial que uma coisa é moralmente certa e outra errada" (Bion, 1962, p. 131).

Para Bion, a tolerância à frustração se desenvolve no bebê a partir do relacionamento com a mãe e, através dessa, com o meio que o rodeia. O relacionamento com a mãe é inicialmente marcado por processos intensos de identificação projetiva. "Se a mãe não puder tolerar tais projeções, o bebê não terá outra alternativa senão o recurso à contínua identificação projetiva, levada a cabo com força e freqüência crescentes" (Bion, 1962, p. 132). A incapacidade da mãe de conter as angústias projetivas do bebê impede que ele desenvolva a *função alfa*, ou seja a capacidade de converter os dados sensoriais em *elementos alfa*, que oferecem à psique material para os pensamentos oníricos.[105] A função alfa permite transformar os objetos oníricos, ou seja imagens sensoriais fragmentadas, em sonhos. Sem a função alfa, o sujeito fica preso aos objetos internos fragmentados, sem

---

105. Bion insiste para que a função alfa não seja considerada como um conceito fechado destinado a comunicar significações prematuramente concebidas (aliás veremos que para ele nenhum conceito é fechado), mas como algo destituído de sentido, uma espécie de variável matemática, cujo objetivo é introduzir uma incógnita na investigação psicanalítica (cf. BION, 1962b, p. 19-20). Na definição que ele mesmo classifica como a mais abrangente, a função alfa é considerada como algo que atua sobre a percepção da experiência emocional possibilitando o "aprender com a experiência". Os elementos alfa se originam de impressões advindas da experiência, que, armazenadas, são utilizadas nos pensamentos oníricos e no pensar inconsciente da vigília. Ela é exigida para o pensar consciente, para o raciocínio, bem como para "relegar o pensar ao inconsciente", quando for necessário aliviar a consciência da sobrecarga dos pensamentos (cf. BION, 1962b, p. 28).

conseguir, por causa do constante ataque à ligação, construir um pensamento que os signifique e que permita pensá-los como objetos inteiros. Esse processo, proporcionado pela mãe, é um espaço interacional que Bion chama de *reverie*. Digeridos na relação de *reverie*, os objetos internos intoleráveis, evacuados na mãe sob forma de identificação projetiva, podem ser reintrojetados pelo bebê, assimilados e sonhados, através de um processo de significação que permite o surgir do pensamento.

Para que surja o pensamento é portanto necessário que a função alfa crie a possibilidade de diferenciar os elementos conscientes dos inconscientes, num processo que permite a superação do despedaçamento dos objetos internos.

> "O malogro no estabelecimento de uma relação mãe/bebê em que seja possível a identificação projetiva normal impedirá (...) o desenvolvimento de uma função alfa e, conseqüentemente, a diferenciação entre elementos conscientes e inconscientes" (Bion, 1962, p. 133).

Bion alude aqui a uma impossibilidade para a psique de estabelecer uma interface entre o inconsciente e a consciência, pois a consciência "depende da função alfa". Para que o self possa ser consciente de si mesmo é necessário que a consciência não seja invadida pelos elementos inconscientes. Quando a invasão ocorre, o sujeito nem está acordado e nem está dormindo, pois há uma radical incapacidade de significar os elementos inconscientes, de torná-los pensamentos (oníricos), através dos quais o desejo possa ser significado. O mundo interno torna-se portanto um lugar povoado de objetos bizarros (*elementos beta*), mistura de percepções sensoriais e emocionais, que não podem ser significados e que, portanto, devem ser evacuados e atacados.

Os **conceitos** representam para Bion uma fase sucessiva, em que o pensamento e as concepções, elaborados a partir da *consciência [cognitiva] privada* são socializados por meio da abstração, dando vida ao processo de *comunicação* mediante uso de *sinais*.

> "A função dos elementos de comunicação (palavras e signos) é veicular (...) que determinados fenômenos estão constantemente conjugados nos moldes da relação recíproca que entre eles vigora. Função importante da comunicação é a obtenção da correlação" (Bion, 1952, p. 136).

A correlação é um elemento importante para a consciência do indivíduo, pois, se for confirmada pelo senso comum, faz com que o sujeito se sinta corroborado pela *verdade* e por ela aliviado.

Para Bion, o processo de pensar não é linear e sim circular. Uma vez que algo foi significado e conceitualizado, o processo de pensar não pode ser interrompido. É necessário mais uma vez poder tolerar a frustração, enfrentar a turbulência emocional que nos traz o encontro com o vazio, com o mistério do Outro, com a impossibilidade de prender a realidade nos nossos conceitos. Para que o processo do pensar possa se dar, é necessário suspender a memória (os pensamentos já pensados, os conhecimentos adquiridos) e o desejo (de poder estabelecer um controle onipotente sobre a realidade).

O consultório como ateliê de um artista

No texto extraído de um Seminário realizado em Paris, nos últimos anos de sua vida (1978), Bion observa que estamos acostumados "à idéia de que a Psicanálise é uma tentativa de fazer uma abordagem científica da personalidade humana". Mas, ele se pergunta, será que o analista lembra que está lidando com gente de carne e osso (*real people*). Nesse texto Bion afirma existir um grande risco de que a experiência analítica se torne algo desumanizante. Para que não o seja, o analista deve saber suportar os objetos cindidos, os escombros (que Bion define como objetos bizarros)[106] que se apresentam na fala do paciente e que se amontoam no seu consultório (que, aliás, Bion chama de ateliê de um artista). Nada pode ser descartado, tudo precisa ser observado e examinado com muito cuidado, caso contrário o analista poderá "jogar fora a necessária centelha vital", que se encontra escondida no meio dos escombros. Será essa fagulha, a capacidade de *reverie*, que pode fazer com que as cinzas de uma relação analítica se tornem uma fogueira, favorecendo a transformação dos elementos Beta em elementos Alfa, em algo que pode ser pensado pelo paciente.[107] É nesse sentido que o analista deve ser um artista, capaz de mostrar algo que os outros não conseguem ver. Bion chega a dizer que, se o analista não for um artista, está na profissão errada.

Essa capacidade de escuta do analista, não apenas limitada ao contexto verbal, é um tema recorrente nos seus textos, onde muitas vezes a presença dos objetos cindidos é captada pela simples presença de uma mudança física no paciente, uma mudança sutil, às vezes na respiração, no tom muscular, no olhar, na maneira de sentar-se no divã.[108] Isso é muito importante, pois há no paciente psicótico, ao qual Bion dedica particular atenção em sua clínica, uma grande dificuldade em relação à linguagem verbal.[109]

---

106. No objeto bizarro cada partícula "é vivida como consistindo num objeto real que está encapsulado no pedaço de personalidade que o engoliu", cf. o artigo "Diferenciação entre a personalidade psicótica e a personalidade não-psicótica" (BION, 1994, p. 60-61).
107. Cf. "Uma teoria sobre o pensar" (BION, 1994, p. 133).
108. Cf., por exemplo "Sobre alucinação" (BION, 1994, p. 81, 85) e "Diferenciação entre a personalidade psicótica e a personalidade não-psicótica" (BION, 1994, p. 66-68).
109. Cf. "Notas sobre a teoria da esquizofrenia" (BION, 1994, p. 34 e 44).

Contribuições recentes sobre o conceito de cura

Algumas abordagens recentes

Mas, afinal, o que significa curar em termos psicanalíticos? Como vimos, o "desejo de cura" percorre toda a obra freudiana e nos leva a mergulhar na complexidade de suas descobertas sobre o funcionamento do aparelho psíquico. Trata-se de um desejo para o qual o próprio Freud procura a "cura", no decorrer dos longos anos de sua experiência clínica, numa elaboração que o leva a admitir a realidade das limitações da psicanálise diante da complexidade de um funcionamento psíquico que resiste ao tratamento analítico. Talvez, isso já aponte para uma primeira dimensão da cura: aceitar que somos doentes, aceitar que o conflito psíquico existe e que faz parte de nós, superando a construção irreal da auto-suficiência, a muralha narcísica que erguemos contra o mundo e contra os outros (cf. Zaltzman, 2000, p. 465). "Ao dirigir a atenção sobre ela, a dor da doença cessa de exercer sua ditadura" e a cura se apresenta como uma mudança no modo de investimento realizado, que permite ao paciente derrubar suas prisões imaginárias (cf. Zaltzman, 2000, p. 465). Ao mesmo tempo, seguindo o itinerário de descoberta freudiano, não podemos deixar de ficar admirados com a criatividade e complexidade do psiquismo humano, que busca administrar o pulsar do desejo — uma formação dominada pelos princípios antagônicos de prazer e de morte — que esbarra no muro da "realidade".[110] A leitura que Freud faz desse pulsar da vida e da morte na alma humana é, sem dúvida, uma construção genial e um marco fundamental para explicar o funcionamento psíquico. Uma referência necessária para todos os que pretendem se aproximar da alma humana com um intuito terapêutico ou educativo.

Natalie Zaltzman, em seu artigo "Fazer uma análise e curar: de quê?", observa, não sem uma ponta de provocação, que "o homem é irremediavelmente tocado pela loucura" e acrescenta: "A loucura é uma característica — tão essencial quanto a razão — da natureza humana" (2000, p. 455). Isso porque a vida humana é dominada pela dimensão psíquica, marcada pela confrontação de dois sistemas: o consciente e o inconsciente. Uma confrontação que coloca o ser humano diante de uma *desmedida*, diante de sua impotência e de seu poder. Nessa perspectiva, "todas as doenças psíquicas são uma tentativa ilusória de economia deste tormento", uma "ruminação da impotência" (Zaltzman, 2000, p. 457).

Diante desse paradoxo da existência humana, a análise tem o poder de convocar o inconsciente e trazer à tona os processos *doentios*. Zaltzman alerta que seria insensato, se "o analista tivesse a tentação de deixar de lado aquilo que convocou" (2000, p. 463) e retirasse à psicanálise seu poder de cura, "deslocando seus objetivos para o lado das mudanças" (2000,

---

110. Realidade entre aspas, pois, como explica Zaltzman, não se trata da realidade do mundo, a realidade extrapsíquica, mas de "uma realidade extraída do mundo segundo pontilhados libidinais" (ZALTZMAN, 2000, p. 466).

p. 463).[111] Ao falar sobre a importância de levar a sério a doença, a autora cita um texto de Freud, que me parece particularmente significativo.

> "O paciente tem de criar coragem para dirigir a atenção para os fenômenos de sua moléstia. Sua enfermidade em si não mais deve parecer-lhe desprezível, mas sim se tornar um inimigo digno de sua têmpera, um fragmento de sua personalidade, que possui sólido fundamento para existir e da qual coisas de valor para sua vida futura têm de ser inferidas" (Freud, 1914a, p. 168).[112]

Em que sentido a análise pode ajudar o paciente a levar a sério sua doença e em que sentido isso legitima a própria idéia de cura? No decorrer de nosso estudo vimos que "curar" em termos psicanalíticos não é erradicar uma doença, curar um órgão cujo funcionamento tornou-se patológico. Nesse sentido, Ferrari introduz algumas considerações interessantes que podem ampliar os horizontes do nosso tema. Para ele, a mente humana não é um órgão que adoece, mas uma função do corpo. "Se a mente é apenas um produto e uma função do corpo e se encontra numa constante tensão dinâmica com ele, nunca podemos considerá-la, em si só, como um órgão separado que pode adoecer" (Ferrari, 2000, p. 445). Aos termos saúde e doença, esse autor prefere substituir os termos harmonia e

---

111. Não fica claro, a nosso ver, o que a autora entende exatamente por "mudanças/mutações", mas de alguma forma relaciona essa atitude à suspensão do desejo e da memória de que fala Bion. "O termo *cura* possui uma vantagem insubstituível, que os termos como 'mudança' ou 'mutação', mais apropriados à suspensão necessária de todo modo de querer da parte do analista para que a análise seja possível, não possuem: o termo 'cura' refere-se à doença" (ZALTZMAN, 2000, p. 463).
112. O texto é muito próximo àquele de Winnicott, citado no capítulo anterior, que aproximava a saúde ao convívio com a doença.

desarmonia, que "se apresentam (...) de maneira conceitualmente diferente de saúde e patologia, uma vez que a relação com o Uno [corpo] e o Binário [mente] é uma relação dinâmica" (Ferrari, 2000, p. 446).[113] Ferrari alerta também sobre o uso inadequado da palavra cura, pois "a chamada cura psicanalítica não pode ser de maneira nenhuma considerada uma cura no sentido médico". Ela indica antes uma experiência, na qual o analisando não é objeto de cura, mas sujeito. Além disso, "o conceito de cura está carregado de desejo e o desejo, como a memória, enfraquece o instrumento psicanalítico sobretudo em sua função de *insight*" (Ferrari, 2000, p. 449).

Retomando um conceito de Freud, Ferrari lembra contudo que a análise não pode prescindir do desejo de cura do paciente; ao contrário, este representa um poderoso aliado: o agente interior de cura, ao qual o analista, como agente exterior, deve unir-se. Nesse sentido, o processo analítico "é pois individuado numa progressiva assunção de capacidades e de responsabilidades por parte do agente interior de cura do analisando, que, através do agente exterior de cura do analista, está em condição de adquirir margens de operatividade cada vez maiores" (Ferrari, 2000, p. 447).[114]

Mais uma vez, Ferrari lembra o conhecido conceito bioniano sobre o processo analítico, ao frisar que "a condição para que este processo tenha lugar é justamente a ausência, por parte do analista, de qualquer desejo de *curar* o analisando substituindo o agente interior de cura do analisando pelo seu

---

113. Ferrari usa os termos Uno, para indicar o corpo "do qual emanam sensações, emoções, em que pulsa a vida" (FERRARI, 2000, p. 445), e Binário, para indicar a mente, "que assume sentido, forma e função somente em relação àquele Uno ao qual pertence" (FERRARI, 2000, p. 445).
114. Embora o termo "operatividade" pareça remeter ao conceito psiquiátrico de normalidade funcional e a uma visão adaptativa da cura psicanalítica, não é esse o sentido que emerge da leitura do texto de Ferrari.

próprio" (Ferrari, 2000, p. 447). Para esse autor, o processo analítico é basicamente um processo de harmonização, que abrange duas dimensões, a vertical e a horizontal, uma supondo a outra. Do ponto de vista vertical, o objetivo da análise é estabelecer uma harmonia interna, entre o Uno [corpo] e o Binário [mente], entre o aparelho sensitivo e pulsional e o aparelho cuja função é estabelecer um diálogo com o pulsar da vida interna em toda sua complexidade, administrando a angústia que brota dos conflitos entre consciente e inconsciente. O resultado, que poderíamos chamar de cura (embora Ferrari não use esse termo), consiste em estabelecer nesse nível um dinamismo suficiente para administrar as contínuas transformações às quais é sujeito o equilíbrio instável do ecossistema psíquico. Ferrari deixa bem claro que o fim da análise não realiza a fantasia onipotente de uma emancipação total da esfera do conflito e da angústia, como comumente se espera. O que marca o fim da análise é uma harmonização da dinâmica do conflito, antes concebida como doença, estabelecendo uma comunicação entre as duas áreas constitutivas da personalidade, ativando processos de pensamento para que a mente "possa acolher, mediar e traduzir os fluxos emocionais e sensoriais marasmáticos" (2000, p. 449).

> "A fase final do trabalho analítico (...) não comportará tanto uma solução ou uma 'cura' de conflitos e angústias, mas, ao contrário, elevará o grau de percepção da angústia se tiver conseguido tornar mais dinâmicos os mecanismos defensivos. A angústia poderá então assumir a forma de incerteza do futuro, da caducidade das coisas, da ausência total de garantias e tranqüilizações, já que a relação que mantemos com nosso corpo é sempre dinâmica, mutável e potencialmente capaz de surpreender-nos a todo instante" (Ferrari, 2000, p. 448).

À medida que se desenvolve o processo analítico e se inicia a relação vertical, "a experiência da relação com o outro, e com o analista em primeiro lugar, torna-se o campo no qual o conhecimento de si mesmo e do diálogo consigo próprio é colocado à prova e os significados adquiridos no âmbito da verticalidade se enriquecem pela *consciência* que a interseção com a dimensão horizontal possibilita" (Ferrari, 2000, p. 452).

Fabio Hermann concorda com Ferrari ao diferenciar a cura psicanalítica da cura médica, pois a cura psicanalítica não pode ser entendida "no sentido de voltar ao normal", como talvez inicialmente o paciente deseje (Hermann, 1993, p. 194).[115] Para esse autor cura pode ser entendida, do ponto de vista psicanalítico, em três sentidos: tratar, cuidar (como já indicado por Winnicott) e alcançar um ponto de amadurecimento/ completude (cf. Hermann, 1993, p. 195).[116] Para sintetizar sua teoria Hermann usa um trocadilho "a cura visa curar da cura" (Hermann, 1993, p. 196). Ou seja, o *tratamento* consiste em *cuidar* do *amadurecimento* do desejo, fazer com que o paciente amadureça e se desenvolva, chegando a habitar seu desejo. Nesse sentido, para o paciente, "a análise toma o formato de uma vida experimental, igual de início à que crê ter tido, depois mais parecida com um extrato das muitas que teve simultaneamente, até que delas resulte novo sentido de conjunto" (Hermann, 1993, p. 197).

A política da cura, sobretudo no caso das neuroses, é para esse autor "uma arte dos possíveis", pois "encaminha o desejo

---

115. Cf. também o artigo do mesmo autor (cf. 2000, p. 426-427), no qual basicamente sustenta a mesma posição. "Há definições de cura – e são a maioria – que envolvem na verdade adesão a uma perversão, por exemplo adaptativa" (Hermann, 2000, p. 437).

116. Hermann lembra que curiosamente em português a palavra cura pode também significar levar a um ponto de amadurecimento (no caso do queijo, por exemplo).

às formas de satisfação apenas possíveis, para que as aprecie" (Hermann, 1993, p. 204). Dessa forma o sujeito, integrado ao seu desejo, pode "transitar pela hierarquia dos possíveis, testando formas alternativas de realização" (Hermann, 1993, p. 205), em busca de sua identidade e realidade. No entanto, citando Adorno, Hermann lembra que cura não deve ser entendida num sentido adaptativo, pois "o paciente, curado, torna-se de fato doente, quando se ajusta" (Apud Hermann, 2000, p. 431). Nesse sentido, ele lembra que o caminho da cura "é também um caminho de crítica ao mundo em que a gente vive" (Hermann, 2000, p. 431).

Para Hermann, a cura não é apenas o ponto de chegada da análise, mas "uma dimensão que percorre todo o processo analítico e lhe confere valor terapêutico, tornando-o um tratamento" (Hermann, 1993, p. 197). A dimensão temporal do tratamento analítico, de fato, é um fator curativo que vai se articulando com a própria história do paciente. Aquisições e descobertas novas vão transformando o valor patogênico do passado "recriando a história do paciente e através dela transformando o sujeito presente" (Hermann, 1993, p. 197).

A Teoria dos Campos representa o instrumento conceitual, desenvolvido por Hermann, para a compreensão de como se articulam técnica psicanalítica e cura, em sua dimensão temporal. A sessão representa o *tempo curto* da análise, envolvendo a escuta, as intervenções/interpretações do analista e as reações do paciente. É o campo do ensaio/erro, que repercute (ou não) de forma singular no paciente, produzindo eventualmente algum avanço.[117] "Já o drama emocional que vincula analista e paciente constitui propriamente o *tempo médio* da análise" (Hermann, 2000, p. 433). Trata-se do campo transferencial, da trama afetiva que permeia a relação analítica, em que "o analista pega em suas mãos o sofrimento do paciente, ou, a rigor, o recebe no próprio coração" (Hermann, 2000, p. 433). O tempo longo da análise "é o tempo do destino do paciente, que procede da história de sua infância, de seus pais, de sua gente" (Hermann, 2000, p. 433). É esse o tempo que imprime uma direção à análise. A cura percorre os três tempos. "Curado o paciente habita seu destino com um pouco mais de clareza" e "se dá conta da multiplicidade de si mesmo e das possibilidades para transitar de uma representação para outra" (Hermann, 2000, p. 434).

Cura: um processo sem fim

Quem teve a paciência de acompanhar a nossa análise, tem percebido que ela avança de forma peculiar. É como se, ao debruçar-se sobre o funcionamento psíquico, a mente humana não conseguisse chegar a idéias claras e distintas, como impõe a lógica cartesiana. Vimos que o próprio Freud teve de avançar tateando, sempre disposto a questionar suas descobertas diante de meandros do psiquismo que nelas não se encaixavam. A enorme riqueza e genialidade de sua obra se devem a essa honestidade dolorosa.[118] Como alertava Bion, nossa compreensão é sempre mediada pelo nosso mundo psíquico interno, que age como um poderoso filtro sobre nossos pensamentos,

---

117. Cláudio Castelo Filho fala sobre a presença dos processos alucinatórios na sessão analítica e esclarece que o termo pode indicar tanto um fenômeno obstrutivo da percepção, como "um fenômeno necessário a uma percepção intuitiva", como por exemplo no caso de uma interpretação do analista. No entanto, nesse caso, a alucinação que está por trás da conjetura interpretativa é tomada apenas como uma hipótese de trabalho, e não como algo que é (cf. Set. 1998, p. 233-235).
118. Podemos citar, por exemplo, a Carta 69, onde Freud, ao anunciar um importante passo à frente em sua concepção sobre a neurose, confessa o quanto seus avanços sejam difíceis, pois são constantemente questionados por uma série de fatores que o obrigam a rever suas teorias. Mas nisso Freud reconhece o "resultado de um trabalho intelectual honesto e esforçado" do qual ele se orgulha (cf. FREUD, 1892-1899, p. 309-311).

permitindo que algumas idéias possam ser pensadas, outras não. O que diremos a seguir, portanto, não pretende ser de forma alguma uma conclusão, apenas tem a finalidade de aguçar nossa desconfiança.

Em primeiro lugar, diríamos que a idéia de cura é uma ótima chave para penetrar no complexo mundo da psicanálise. Foi a partir dessa chave que tudo começou. O desejo de Freud era curar as neuroses de suas histéricas. O conceito de cura, embora pouco discutido, é um pano de fundo sobre o qual se esboça o evoluir da teoria psicanalítica no seu habitat: a relação paciente analista. Percebemos que, de início, as atenções são sobretudo focadas no *paciente*, preso no seu mundo intrapsíquico; depois, pouco a pouco, o foco passa a ser direcionado para o mundo interpsíquico, dominado pelas fantasias ligadas às *relações* de objeto e, finalmente, sobretudo com Winnicott, a *provisão ambiental* passa a ser um espaço decisivo, o espaço da ilusão e da *reverie*, onde se jogam os destinos do psiquismo.

Desde o início, Freud menciona a atitude empática do analista como um fator de cura fundamental. Com o passar dos anos, a teoria psicanalítica não somente confirma a importância desse fator, mas coloca a relação e o espaço intermediário que nela se criam como fatores determinantes do psiquismo. A cura, em termos psicanalíticos, dá-se numa relação, num encontro com o Outro. Nesse sentido, a relação com o analista tem a função de ser um balão de ensaio, onde esse encontro é imaginado (num *insight* que nasce da alucinação), re-criado e experimentado. Através desse encontro, o eu emerge se estruturando como *self,* indo assim ao encontro do não-eu, percebido como outro-eu.

Como vimos, por trás do termo cura escondem-se armadilhas. Uma delas, por exemplo, é conceber a cura como uma relação de poder, onde o normal *cura* o anormal e o traz de volta para "sua" normalidade. Bion alerta sobre o quão desastrosa possa ser essa visão da cura. Disso nasce sua convicção de que a análise só avança se o analista souber conter seu desejo e sua memória (o que teoricamente sabe sobre a psicanálise e sobre o paciente). Nesse vazio interior do analista, o paciente pode ser de alguma forma acolhido como uma pessoa em carne e osso (*real people*, para usar a expressão de Bion). Juntos analista e paciente constroem um espaço relacional, onde o inconsciente pode *atuar,* revelando sua estrutura, seu funcionamento. Ambos, analista e paciente, começam assim um lento trabalho de integração, onde a consciência aprende a dialogar com o desejo e a respeitá-lo, como o elemento criativo do *self*. O desejo deixa de ser visto como um adversário, relacionado à proibição castradora do princípio de prazer, e, superada a repetição asfixiante do instinto de morte, passa a ser acolhido e equacionado com a realidade, proporcionando um encontro com o outro, que permite a sobrevivência psíquica do sujeito desejante. Dessa forma, o princípio de realidade deixa de ser apenas um fantasma superegóico ameaçador e torna-se um princípio de equilíbrio interno, que canaliza os impulsos do id, permitindo que suas águas revitalizantes possam irrigar as terras áridas do pensamento em busca de representações sempre novas. Nesse sentido, poderíamos dizer que a cura passa a abranger os conceitos de integração, harmonização e amadurecimento, acima expostos.

Do ponto de vista da harmonização, há um elemento que me parece interessante. Nas últimas páginas de *Análise terminável e interminável*, como vimos, Freud fala da importância da aceitação da castração, e da superação da recusa do feminino. Trata-se de um conflito que atravessa tanto o psiquismo feminino como o masculino, embora assuma características diferentes, que tendem a se focalizar no medo da castração, por parte do homem, e na inveja fálica, por parte da mulher. O prevalecer unilateral do princípio ativo, masculino, de fato, acaba chocando-se com um dos elementos originários do psiquismo, assim como Freud o concebe, sua bissexualidade. A integração dos princípios masculino e feminino, do ativo e do passivo, parece-me um aspecto importante do psiquismo e um princípio de cura importante.

Não resta dúvida, contudo, que o contexto cultural contemporâneo seja dominado pelo princípio masculino. Nossa cultura, de fato, esbanja símbolos fálicos, num constante apelo para o "poder". Mesmo quando se fala de elementos femininos, estes são deslocados para o contexto fálico do *fazer para ter*, onde os verbos seduzir, conquistar etc. referem-se invariavelmente à aquisição/manutenção de um poder que diferencia, de um diferencial competitivo.

A "livre concorrência" colocou tanto o homem como a mulher nas raias de uma piscina onde, para não afundar, ambos nadam até o esgotamento, buscando sempre novas "metas", novas "conquistas", na ordem do *fazer para ter*, superando a si mesmos. O problema é que, na chegada, o corpo sarado que emerge da água já deixou de ser humano, virou um andróide. Seu desejo foi programado e é dominado pelo fetiche, uma imposição de sentido que ele aprendeu a temer na selva dos significantes esvaziados de significado. Descobre, então, que para atingir a *meta*, agora ele deve recuperar o "quociente emocional", a "inteligência espiritual", que perdeu durante o caminho. Diante da dificuldade de reunir os pedaços de si espalhados no quarto escuro do falso *self*, surge uma dolorosa sensação interna de vazio, de queda sem fim num abismo inominável. Nesse abismo mergulha o processo terapêutico da análise, em busca do *ser para existir*.

Se na época vitoriana de Freud, a mulher era tolhida, mantida numa condição de inferioridade, hoje ela é "reconhecida", desde que atue como homem. O espaço conquistado pelo feminino é o espaço masculino. Para que haja realmente uma evolução é necessário que o feminino avance *pari passu* com o masculino, para que atividade e passividade, fazer e ser possam coexistir numa estrutura existencial dialógica. Trata-se de uma tarefa psíquica que não é fácil, justamente porque contrariada por um ambiente onde a única castração tolerada é aquela do outro. Que pelo menos o espaço analítico não seja assim...

Bibliografia

ADORNO, T., HORKHEIMER, M. *Dialética do esclarecimento.* Rio de Janeiro: Zahar, 1985.
ARNOLD, W., EYSENCK, H. J., MEILI, R. *Dicionário de psicologia.* 3 Vols. São Paulo: Edições Loyola, 1982.
BION, W. R. (1956). Desenvolvimento do pensamento esquizofrênico. In: *Estudos psicanalíticos revisados.* Rio de Janeiro: Imago, 1994, p. 47-54.
____. (1962). Uma teoria sobre o pensar. In: *Estudos psicanalíticos revisados.* Rio de Janeiro: Imago, 1994, p. 127-137.
____. (1962b). *O aprender com a experiência.* Rio de Janeiro: Imago, 1991.
____. (1977). Turbulência emocional. In: *Revista Brasileira de Psicanálise.* São Paulo, n. 21, 1987, p. 121-141.
____. (1987). "Turbulência emocional". In: *Revista Brasileira de Psicanálise.* São Paulo: SBP, n. 21, 1987, p. 121-141.
____. (1978). *Seminário realizado em Paris, de julho de 1978,* [On-line]. Disponível: [Jun. 2000].
____. (1994). *Estudos psicanalíticos revisados.* Rio de Janeiro: Imago, 1994.
CAPPS, D. (Org.). *Freud and Freudians on religion:* A reader. London: Yale University Press, 2001.
CASEMENT, P. *Aprendendo com o paciente.* Rio de Janeiro: Imago, 1987.

CASTELO, C. F. "Proposta de reflexão sobre o conceito de alucinação" In: *Jornal de Psicanálise*. São Paulo: SBP, n. 31 (57), Set. 1998, p. 233-247.

FERRARI, A. B. "Algumas notas sobre a cura em psicanálise" In: *Jornal de Psicanálise*. São Paulo: SBPSP, v. 33, n. 60/61, 2000, p. 443-454.

FERREIRA, A. B. H. *Dicionário Aurélio Eletrônico* [CD-ROM]. Rio de Janeiro: Nova Fronteira, 1994.

Freud, S. (1888). *Prefácio à tradução de La suggestion, de Bernheim*. In: ____. *Edição Standard Brasileira das Obras Psicológicas Completas de Sigmund Freud*. Vol. I. Rio de Janeiro: Imago, 1996.

____. (1892-1893). *Um caso de cura pela hipnose*. In: ____. *Edição Standard Brasileira das Obras Psicológicas Completas de Sigmund Freud*. Vol. I. Rio de Janeiro: Imago, 1996.

____. (1892-1899). *Extratos dos documentos dirigidos a Fliess*. In: ____. *Edição Standard Brasileira das Obras Psicológicas Completas de Sigmund Freud*. Vol. I. Rio de Janeiro: Imago, 1996.

____. (1893). *Sobre o mecanismo psíquico dos fenômenos histéricos*: Uma Conferência. In: ____. *Edição Standard das Obras Completas de Sigmund Freud*. Vol. III. Rio de Janeiro: Imago, 1996.

____. (1893-1895). *Estudos sobre a histeria*. In: ____. *Edição Standard das Obras Completas de Sigmund Freud*. Vol. II. Rio de Janeiro: Imago, 1996.

____. (1895a). *Projeto para uma psicologia científica*. In: ____. *Edição Standard das Obras Completas de Sigmund Freud*. Vol. I. Rio de Janeiro: Imago, 1996.

____. (1895b) *Sobre os fundamentos para destacar da neurastenia uma síndrome específica denominada neurose de angústia*. In: *Edição Standard Brasileira das Obras Psicológicas Completas de Sigmund Freud*. Vol. III. Rio de Janeiro: Imago, 1996.

____. (1898) *A sexualidade na etiologia das neuroses*. In: *Edição Standard Brasileira das Obras Psicológicas Completas de Sigmund Freud*. Vol. III. Rio de Janeiro: Imago, 1996.

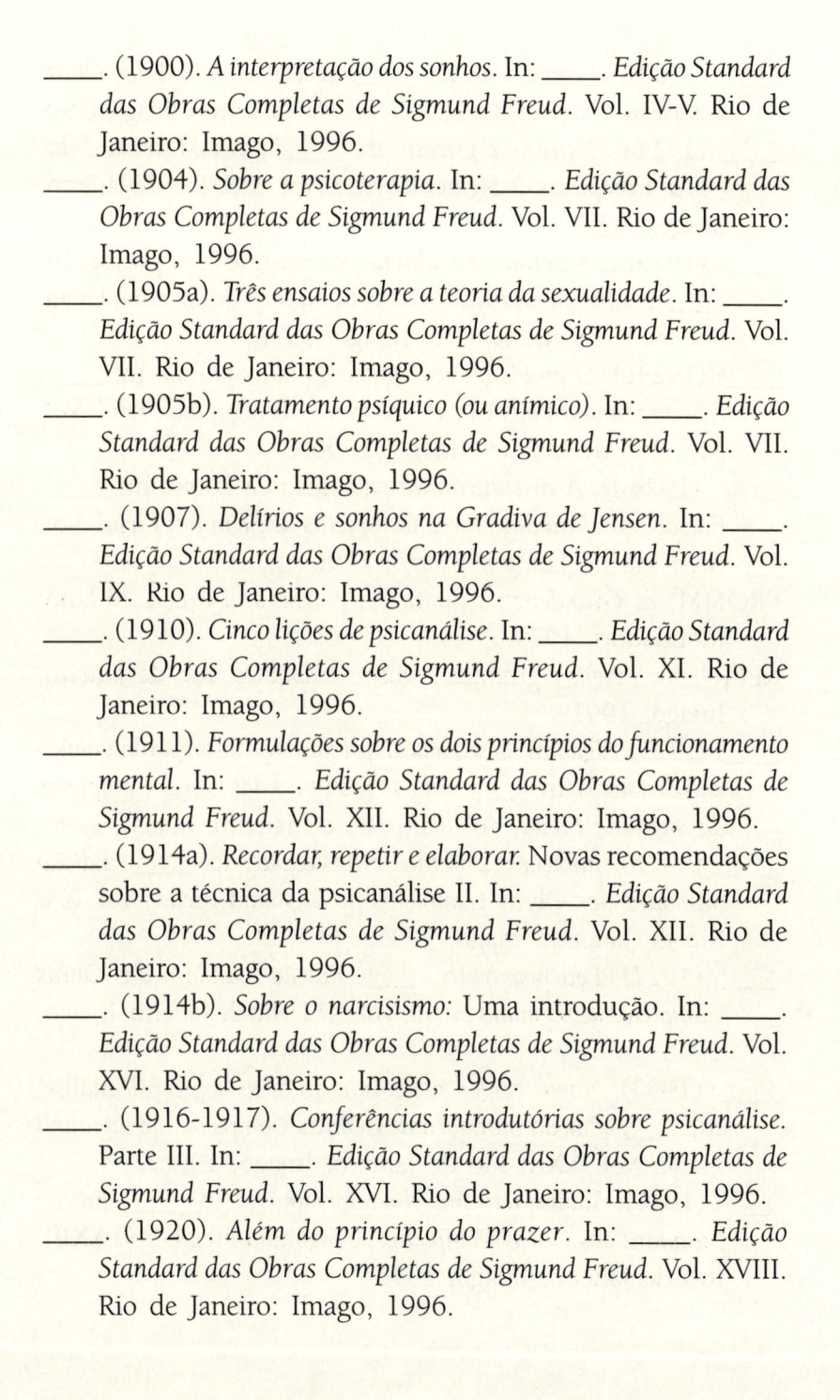

_____. (1900). *A interpretação dos sonhos*. In: _____. *Edição Standard das Obras Completas de Sigmund Freud*. Vol. IV-V. Rio de Janeiro: Imago, 1996.

_____. (1904). *Sobre a psicoterapia*. In: _____. *Edição Standard das Obras Completas de Sigmund Freud*. Vol. VII. Rio de Janeiro: Imago, 1996.

_____. (1905a). *Três ensaios sobre a teoria da sexualidade*. In: _____. *Edição Standard das Obras Completas de Sigmund Freud*. Vol. VII. Rio de Janeiro: Imago, 1996.

_____. (1905b). *Tratamento psíquico (ou anímico)*. In: _____. *Edição Standard das Obras Completas de Sigmund Freud*. Vol. VII. Rio de Janeiro: Imago, 1996.

_____. (1907). *Delírios e sonhos na Gradiva de Jensen*. In: _____. *Edição Standard das Obras Completas de Sigmund Freud*. Vol. IX. Rio de Janeiro: Imago, 1996.

_____. (1910). *Cinco lições de psicanálise*. In: _____. *Edição Standard das Obras Completas de Sigmund Freud*. Vol. XI. Rio de Janeiro: Imago, 1996.

_____. (1911). *Formulações sobre os dois princípios do funcionamento mental*. In: _____. *Edição Standard das Obras Completas de Sigmund Freud*. Vol. XII. Rio de Janeiro: Imago, 1996.

_____. (1914a). *Recordar, repetir e elaborar. Novas recomendações sobre a técnica da psicanálise II*. In: _____. *Edição Standard das Obras Completas de Sigmund Freud*. Vol. XII. Rio de Janeiro: Imago, 1996.

_____. (1914b). *Sobre o narcisismo:* Uma introdução. In: _____. *Edição Standard das Obras Completas de Sigmund Freud*. Vol. XVI. Rio de Janeiro: Imago, 1996.

_____. (1916-1917). *Conferências introdutórias sobre psicanálise*. Parte III. In: _____. *Edição Standard das Obras Completas de Sigmund Freud*. Vol. XVI. Rio de Janeiro: Imago, 1996.

_____. (1920). *Além do princípio do prazer*. In: _____. *Edição Standard das Obras Completas de Sigmund Freud*. Vol. XVIII. Rio de Janeiro: Imago, 1996.

_____. (1923). *O ego e o id*. In: _____. *Edição Standard das Obras Completas de Sigmund Freud*. Vol. XIX. Rio de Janeiro: Imago, 1996.

_____. (1924a). *Neurose e psicose*. In: _____. *Edição Standard das Obras Completas de Sigmund Freud*. Vol. XIX. Rio de Janeiro: Imago, 1996.

_____. (1924b). *A perda da realidade na neurose e na psicose*. In: _____. *Edição Standard das Obras Completas de Sigmund Freud*. Vol. XIX. Rio de Janeiro: Imago, 1996.

_____. (1924c). *O problema econômico do masoquismo*. In: _____. *Edição Standard das Obras Completas de Sigmund Freud*. Vol. XIX. Rio de Janeiro: Imago, 1996.

_____. (1924d). *A dissolução do complexo de Édipo*. In: _____. *Edição Standard das Obras Completas de Sigmund Freud*. Vol. XIX. Rio de Janeiro: Imago, 1996.

FROMM, E. *Grandezza e limiti Del pensiero di Freud*. Milano: Mondadori, 1979.

KLEIN, M. *Inveja e gratidão e outros trabalhos*. Rio de Janeiro: Imago, 1991.

_____. (1925). *Algumas conseqüências psíquicas da distinção anatômica entre os sexos*. In: _____. *Edição Standard das Obras Completas de Sigmund Freud*. Vol. XIX. Rio de Janeiro: Imago, 1996.

_____. (1926). *Inibições, sintomas e ansiedade*. In: _____. *Edição Standard das Obras Completas de Sigmund Freud*. Vol. XX. Rio de Janeiro: Imago, 1996.

_____. (1927). *Fetichismo*. In: _____. *Edição Standard das Obras Completas de Sigmund Freud*. Vol. XXI. Rio de Janeiro: Imago, 1996.

_____. (1933). *Novas conferências introdutórias sobre psicanálise*. In: _____. *Edição Standard das Obras Completas de Sigmund Freud*. Vol. XXII. Rio de Janeiro: Imago, 1996.

_____. (1937). *Análise terminável e interminável*. In: _____. *Edição Standard das Obras Completas de Sigmund Freud*. Vol. XXIII. Rio de Janeiro: Imago, 1996.

_____. (1940). *Esboço de psicanálise.* In: _____. *Edição Standard das Obras Completas de Sigmund Freud.* Vol. XXIII. Rio de Janeiro: Imago, 1996.

GEDO, J. A., GOLDBERG, A. *Modelli della mente.* Roma: Astrolabio, 1975.

GIROLA, R. *O esvaziamento dos símbolos,* [On-line]. Disponível: [Jun. 2000].

GREEN, A., IKONEN, P., LAPLANCHE, J. et al. *A pulsão de morte.* São Paulo: Editora Escuta, 1988.

GUTIÉRREZ, J. L. A. *Diez palabras clave en Psiquiatría.* Estella: Editorial Verbo Divino, 1991.

HANNS, L. (1999) *A teoria pulsional na clínica de Freud.* Rio de Janeiro: Imago, 1999.

_____. (1996) *Dicionário comentado do alemão de Freud.* Rio de Janeiro: Imago, 1996.

HARTMANN, H. (1958). *Ego Psychology and the problem of adaptation.* New York: International University Press, 1958.

_____. (1964). "On rational and irrational action". In: *Essays on Ego Psychology.* New York: International University Press, 1964, p. 37-68.

HARVEY, D. *Condição pós-moderna.* São Paulo: Loyola, 1992.

HERMANN, F. (1993). *Clínica psicanalítica*: A arte da interpretação. 2ª ed. São Paulo: Editora Brasiliense, 1993.

_____. (2000). "A cura" In: *Jornal de Psicanálise.* São Paulo: SBP-SP, v. 33, n. 60/61, 2000, p. 425-442.

HINSIE, L. E., CAMPBELL, R. J. *Dizionario di psichiatria.* Roma: Astrolabio, 1979.

ISAACS, S. "A natureza e a função da fantasia". in: KLEIN, M., HEIMANN, P., ISAACS, S. et al. *Progressos da psicanálise.* Rio de Janeiro: Guanabara Koogan, 1982, p. 79-135.

JAMESON, F. "Postmodernism, or the cultural logic of late capitalism" In: *New Left Revue,* 146, pp. 53-92.

JOSEPH, B. *Equilíbrio psíquico e mudança Psíquica*: Artigos selecionados de Beth Joseph. Rio de Janeiro: Imago, 1992.

JOURNEL, ROUET DE (Org.). *Enchiridion patristicum*: Loci SS. patrum, doctorum, scriptorum ecclesisticorum. Barcelona: Editorial Herder, 1946.

KLEIN, M. (1946-1963) *Inveja e gratidão e outros trabalhos*. Rio de Janeiro: Imago, 1991.

_____. (1921-1945). *Amor culpa e reparação e outros trabalhos*. Rio de Janeiro: Imago, 1996.

_____. (1932). *A psicanálise de crianças*. Rio de Janeiro: Imago, 1997.

KOHUT, H. *Análise do self*. Rio de Janeiro: Imago, 1988.

LAPLANCHE, J., PONTALIS, J.-B. *Vocabulário da psicanálise*. São Paulo: Martins Fontes, 2001.

LEVY, D. *Freud among philosophers*. London: Yale University Press, 1996.

MACINTYRE, A. *Justiça de quem? Qual racionalidade?*. São Paulo: Edições Loyola, 1991.

MEZAN, R. *Freud: a trama dos conceitos*. São Paulo: Editora Perspectiva, 1998.

MONZANI, L. R. *Freud, o movimento de um pensamento*. Campinas: Editora da Unicamp, 1989.

MOURA, A. H. (Org.). *As pulsões*. São Paulo: Escuta e Educ, 1995.

OCARIZ, M. C. "O sintoma e a clínica psicanalítica" In: *Percurso*. São Paulo: Instituto Sedes Sapientiae, Ano XIV, n. 26, 1º Semestre 2001, p. 425-441.

PARKER, I. *Psychoanalytic culture*: Psychoanalytic discourse in western society. London: Sage Publications, 1997.

PETOCZ, A. *Freud, psychoanalysis and symbolism*. Cambridge: Cambridge University Press, 1999.

PIERI, P. F. *Dizionario junguiano*. Torino: Bollati Boringhieri, 1998.

QUASTEN, J. *Patrologia*. Vol. II. 2. ed. Torino: Marietti, 1973.

ROCHA, E. B. "Wilfred R. Bion e os neokleinianos". In: FIGUEIRA, S. *Contratransferência*: De Freud aos contemporâneos. São Paulo: Casa do Psicólogo, 1996.

ROSEN, L. "Tecnologia cansa". In: *Veja*. São Paulo: Abril, Ano 33, n. 45, 03/11/00, p. 4-6.

ROUDINESCO, E. *Por que a psicanálise?*. Rio de Janeiro: Jorge Zahar Editor, 2000.

SAFRA, G. *A face estética do self,* São Paulo: Unimarcos Editora, 1999.

SHIRAKAWA, I. "Uma neuroimagem da esquizofrenia" In: *Insight*. São Paulo: Lemos, Ano XI, n. 122, Outubro 2001, p. 4-6.

SEGAL, H. (1975). *Introdução à obra de Melanie Klein*. Rio de Janeiro: Imago, 1975.

_____. (1982). *A obra de Hanna Segal*. Rio de Janeiro: Imago, 1982.

TAYLOR, C. *As fontes do self*. São Paulo: Loyola, 1997.

TERESA DE LISIEUX. *Obras Completas*. São Paulo: Edições Loyola, 1997.

VV. AA. *Enciclopédia Microsoft Encarta 99* [CD-ROM]. Microsoft Corporation, 1998.

WINNICOTT, D. W. (1975). *O brincar & a realidade,*. Rio de Janeiro: Imago, 1975.

_____. (1982). *Da pediatria à psicanálise:* Textos selecionados. Rio de Janeiro: Francisco Alves, 1982.

_____. (1990). *Natureza Humana*. Rio de Janeiro: Imago, 1990.

_____. (1994). *Explorações psicanalíticas*. Porto Alegre: Artes Médicas, 1994.

_____. (1999). *Tudo começa em casa*. São Paulo: Martins Fontes, 1999.

WILEY, N. *O self semiótico*. São Paulo: Loyola, 1996.

ZALTZMAN, N. "Fazer uma análise e curar: de quê?" In: *Jornal de Psicanálise*. São Paulo: SBPSP, v. 33, n. 60/61, 2000, p. 455-475.